日本会議の野望

極右組織が目論む
「この国のかたち」

俵義文
YOSHIFUMI
TAWARA

花伝社

日本会議の野望――極右組織が目論む「この国のかたち」◆目次

表紙写真提供：共同通信社

はじめに

２０１２年12月26日に発足した第二次安倍晋三政権は、２０１８年６月で５年半の長期政権になり、何回かの改造を経て、現在は第四次政権である。この５年半、アベノミクスという名の経済政策、「戦争する国」づくりの政策、「教育再生」という教育政策を強引に進めてきた。

アベノミクスは、大企業・グローバル企業と富裕層のための経済政策を推し進めるもので、庶民の生活破壊は深刻になっている。

「戦争する国」づくりでは、２０１３年12月に特定秘密保護法を強行可決し、２０１４年７月１日に集団的自衛権行使容認の閣議決定、２０１５年４月に戦争の仕方を決めた日米新ガイドラインを改定、同年９月19日に多くの国民の反対を押し切って「戦争法」（安保関連法制）を強行成立させ、２０１６年11月、戦争法による新任務付与の自衛隊部隊を南スーダンに派遣、２０１７年６月15日に現代の治安維持法である共謀罪を強行成立させた。そして、戦争法によって「戦争する軍隊」になった自衛隊を憲法９条に明記する改憲を目指して執念を燃やしている。

「教育再生」では、修身の復活ともいえる「特別の教科　道徳」を正規の教科にし、それによって、小学校道徳検定教科書による授業が２０１８年４月からはじまり、同年４～８月に中学校教科書の採択が行われている。さらに、第一次安倍政権が制定した２００６年教育基本法を全面実施する新学習指導要領が告示されたが、これは史上最悪の指導要領である。戦前・戦中、修身は教育勅語を具体化する教科だったが、道徳の教科化と新学習指導要領の施行にあわせて、教育勅語を学校で教材として使用できるという閣議決定まで行った。

こうした政策と並行して、「お友達」を優遇して国政を私物化する森友・加計学園疑惑も明らかになってきた。上記の3政策は、立憲主義、民主主義を破壊するものであるが、森友・加計学園疑惑においても、公文書の改ざん、廃棄、隠蔽、虚偽答弁など立憲主義、民主主義を破壊する行為が明らかになってきた。

そして、本文で詳しく紹介しているように、これらの安倍政権の政策や森友・加計疑惑問題に日本会議が深く関係しているのである。

筆者は2016年6月に『日本会議の全貌――知られざる巨大組織の実態』（花伝社）を発刊した。その前後に「日本会議本」といわれるものが7冊くらい発刊され、マスメディアも日本会議について報道するようになった。市民の中にも日本会議についての関心が高まり、筆者は北海道から沖縄まで全国各地に招かれ日本会議をテーマにした講演を行ってきた。

この講演の中でよく質問されるのは、「これだけ悪政をつづけ、支持率が下がってもなぜ安倍政権はつぶれないのか」ということである。その質問に対して筆者は次のように答えている。

安倍政権が倒れないのは、もちろん、衆参で自公の与党が3分の2以上の議席をもち、数の力による政治を続けていることが一番大きな理由である。そのこととも関係して、安倍政権を支える右翼的な議員連盟（その所属議員）と日本会議の役割が大きい。巻末の資料にあるように、安倍政権の大臣は、20人中15人（75％）が安倍と麻生が特別顧問の日本会議国会議員懇談会（「日本会議議連」）の政治家である。そして、安倍が会長の神道政治連盟国会議員懇談会（「神道議連」）の大臣は19人（95％）であり、安倍晋三を総理・総裁にすることを最大の目的にしている安倍が会長の議連・創生「日本」の大臣は10人（50％）である（創生「日本」は安倍が政権に復帰する前の名簿しか入手していないので実際はもっと多いと思う）。これらの極右政治家たちが安倍首相を支えているのである。そして、日本会議は「安倍首相でなければ憲法改正はできない」と主張して、改憲という「悲願」を共有する安倍政権を民間において支えているのである。

さて、本書は前作の『日本会議の全貌』の姉妹編であり、日本会議が何をめざしているのか、日本をどこに連れて行こうとしているのか、その「野望」を明らかにしたものである。本書によって、日本会議の危険な実態が多くの人びとに知られ、日本会議の「野望」に反対する草の根の運動や世論がつくられるための手助けができればと願っている。

第1章　改憲に突っ走る安倍政権

1　自民党大会で9条改憲の執念を示した安倍首相

安倍晋三首相は2018年3月25日に開催した自民党大会で次のように演説した。

「いよいよ、結党以来の課題である憲法改正に取り組むときがきました。4項目について議論を重ねてまいりました。もちろん、第9条においても改正案をとりまとめてまいります」

「(自衛隊)は国民を守るためにその命をかける。しかし、残念ながらいまだに多くの憲法学者は彼らを憲法違反だという。違憲論争が今でもあります。結果、ほとんどの教科書にはその記述があり、自衛官たちの子供たちもこの教科書で学ばなければならない。皆さん、このままでいいのでしょうか。この状況に終止符を打とうではありませんか。憲法にしっかりとわが国の独立を守り、平和を守り、国と国民を守る。そして自衛隊を明記し、この状況に終止符を打ち、そして違憲論争に終止符を打とうではありませんか。これこそが私たち、今を生きる政治家の、そして自民党の責務であります。敢然とこの使命を果たし、新しい時代を皆さんつくりあげていこうではありませんか」

安倍首相は、自民党が改憲をめざす4項目のうち、緊急事態条項の創設、参院選の「合区」解消、教育充実には具体的に触れないで、9条への自衛隊明記だけを強調した。財務省による森友学園の公文書改ざん問題によって、安倍首相と昭恵夫人の関与疑惑がますます強まり、安倍政権の支持率は30％台に急落している。それでも安倍首相は9条改憲への異常な執念を党大会で語ったのである。

2 自民党は憲法のどこをどう変えるのか

自民党の憲法「改正」案は、①9条に自衛隊を明記する、②緊急事態対応条項を新設する、③参院選の「合区」解消、④教育の充実である。①の自衛隊明記の条文については、現行2項の削除を要求する意見など党内に異論が多く、党憲法改正推進本部の細田博之本部長が党大会を前にぎりぎりで一任を取りつけた。9条1項、2項はそのままにした自衛隊明記の条文案は次のようなものである。

「9条の2　第1項　前条の規定は、我が国の平和と独立を守り、国及び国民の安全を保つために必要な自衛の措置をとることを妨げず、そのための実力組織として、法律の定めるところにより、内閣の首長たる内閣総理大臣を最高指揮監督者とする自衛隊を保持する。

第2項　自衛隊の行動は、法律の定めるところにより、国会の承認その他の統制に服する。」

この案では、当初あった「必要最低限度の実力組織」の「必要最低限度」が削除され、集団的自衛権を行使する自衛隊を明記することである。安倍首相は「9条に自衛隊を明記しても1項、2項がそのままなので何も変わらない」と度々主張しているが、それは国民を騙して改憲をしやすくするための虚偽である。

だいいち、「何も変わらない」のであれば改憲の必要がない。9条に明記される自衛隊は、災害救助活動をする自衛隊ではなく、2015年9月19日に強行採決され施行されている安保法制（戦争法）下の自衛隊、つまり集団的自衛権を行使して海外で戦争する軍隊である。しかも法律は後からできたものがより効力を持つので、この自衛隊を憲法に明記すれば、9条1項、2項は空文化・死文化される。この改憲を許せば、自衛隊は米軍と共同して世界のどこにでも出かけて、「殺し、殺される」戦争する軍隊となる。

自民党大会では改憲案文は決定できず

安倍首相と自民党は当初、今回の党大会で「憲法改正案」を決定し、憲法審査会に提出する予定だったが、党内議論がまとまらないために、前記の9条改憲案文などは党大会に提示できず、決定は実現できなかった。それでも、4項目の改憲をめざすという方針は決定された。二階俊博幹事長は大会の党務報告で「(党として)一定の方向性を得ることができた。今後、この案をもとに憲法審査会で議論し、憲法改正原案を策定し、憲法改正の発議を目指す」と決意表明した。

安倍首相・自民党がもくろむ改憲スケジュールは次のようである。

①通常国会(会期7月22日までに延長)に自民党が改憲の条文案を憲法審査会に提示する。②国会閉会中も憲法審査会の議論を継続する。③秋~冬の臨時国会で憲法「改正」を発議する。④2019年1月~3月に国民投票(運動期間は60日~180日)を実施する。3月を過ぎると、4月には統一地方選挙、天皇の退位があり、5月は新天皇の即位、7月は参議院選挙があるために、なんとしても3月までに国民投票を終わらせて改憲を行いたいということである。

3 「草の根改憲運動」に猛進する日本会議

安倍政権と一体となって改憲の「草の根運動」を展開する日本会議は、安倍政権でなければ改憲はできない、何としても安倍政権によって憲法「改正」を実現する、これを逃せば悲願の改憲がはるか彼方に遠のくとして、改憲運動に猛進している。２０１４年10月から取り組んできた「憲法改正賛同１０００万署名」は２０１８年２月に達成した。日本会議・美しい日本の憲法をつくる国民の会は３月14日に「いよいよ憲法改正案を国会提出へ」「各党は党派を超え、合意形成を！憲法改正賛同１０００万人達成！中央大会」を開催した。さらに、国民投票で過半数以上の「改正賛成票」を獲得するために、全国の小選挙区ごとに「国民投票連絡会議」の設立を進めている。日本会議の女性組織の日本女性の会が取り組んでいる「女性が集まる憲法おしゃべりカフェ」は、２０１８年１月に１０８５会場２万８０００名参加を達成したとしている。

９条改憲への反対の動き

しかし、安倍政権・自民党や日本会議の改憲策動は国民の求めるものではなく、安倍９条改憲を阻止する条件も広がっている。前述のように、最近の世論調査では「森友」公文書改ざんや「加計疑惑」などで内閣の支持率は急速に低下している。そして、安倍政権の下での「憲法改正」に反対が51・4％（共同通信、３月19日付「東京新聞」）、安倍政権の９条改憲に「反対」が51％（「朝日新聞」３月19日付）など、過半数を超える国民が安倍政権の改憲強行に反対している。

加えて、森友学園の公文書を財務省が改ざんした問題が表面化した。改ざんは明らかに安倍首相や昭恵夫人、日本会議などに関する部分であり、改ざんが行われたという２０１７年2月～4月は、2月17日と3月6日の国会で安倍首相が「自分や妻が関係していれば首相も議員も辞める」と答弁した時期である。昨年の国会審議時の前財務省理財局長の佐川宣寿前国税庁長官の証人喚問が3月27日に行われたが、佐川は安倍首相や昭恵夫人の関与ははっきり否定する発言をしたのに、その他の重要な問題では「刑事訴追の恐れがある」と55回も証言を拒否した。この日の証人喚問では疑惑は晴れるどころかますます深まっている。

加計学園が愛媛県今治市に新設する岡山理科大学獣医学部をめぐる疑惑でも、柳瀬唯夫元首相補佐官（現経済産業審議官）が、２０１５年４月２日に愛媛県と今治市の関係者、加計学園関係者と首相官邸で面会し、「本件は首相案件となっている」などと述べて、加計学園の獣医学部新設が安倍首相の意向だということを語った。柳瀬は国会での質問に対して面会を否定し続けていたが、愛媛県や農水省、文科省から面会を裏付ける文書が出てきたために、柳瀬は窮地に追い込まれた。野党６党は柳瀬の証人喚問を要求し続けているが、５月１日、柳瀬は加計学園関係者との面会を認め、与党は証人ではなく参考人として国会で答弁させた。

森友・加計学園疑惑の徹底究明、安倍政権の早期退陣を求めて、３月以降、戦争させない・９条壊すな！総がかり行動実行委員会（「総がかり行動実行委員会」）、安倍９条改憲ＮＯ！全国市民アクションをはじめ「未来のための公共」の若者たちなど、多くの市民が昼夜を問わず国会に結集してたたかっている。

「総がかり行動実行委員会」と安倍９条改憲ＮＯ！全国市民アクションは、「安倍９条改憲ＮＯ！３０００万統一署名」に取り組んでいる。この取り組みには「九条の会」など広範な組織と人びとが結集して、全国各地で多様な活動が展開されている。私たちは、２０１６年に「戦争法（安保法制）廃止２０００万署名」を取り組み、１８００万人以上の署名を集めた。２０１７年10月の総選挙で野党が獲得した票数もほぼ１８００万であった。今取り組んでいる３０００万署名は、安倍９条改憲を阻止するだけでなく、次の総選挙で野党が３０００万票を獲得して、政権交代を可能にする意味がある活動である。

２０１８年５月３日、「９条改憲ＮＯ！　平和といのちと人権を！」をテーマに東京臨海防災公園で開催された「５・３憲法集会」には６万人を超える人々が参加した（筆者も実行委員として参加した）。集会では、立憲民主党の枝野幸男代表、民進党の大塚耕平代表、日本共産党の志位和夫委員長、社会民主党の又市征治党首が連帯挨拶を行い、自由党の小沢一郎代表はメッセージを寄せた。

４野党の発言についてマスメディアは次のように報じた。

「野党4党首は、安倍政権による憲法改正を阻止する考えで足並みをそろえた。

枝野氏は、『従来とは全く質の違う、地球の裏側で戦争ができる自衛隊になるのは明確だ。うそをつき続けるのはいいかげんにしてほしい』と述べ、改憲による自衛隊明記が自衛隊の活動拡大にはつながらないと説明する首相を批判した。集会後に記者団に語った。

志位氏は集会で、『首相は９条改憲だけは絶対にあきらめようとせず、往生際が悪い。安倍政権もろとも、９条改憲のたくらみを葬り去ろう』と呼びかけた」（「毎日新聞」２０１８年5月４日）。

「立憲民主党の枝野幸男代表は、特定秘密保護法や安全保障法制などで採決強行を繰り返した政権の対応について、「憲法は選挙に勝った者に『どんな法律でも作っていい、どんな行政にしてもいい』という権限を預けているわけではない」と声を張り上げた。

民進党の大塚耕平代表も「事実を隠蔽《いんぺい》し、改ざんし、熟議は尽くさない。急がないことまで強引に決める。安倍政権では民主主義は守れない」と強調した。

共産党の志位和夫委員長は「内政、外交ともにぼろぼろで末期状態。しかし、９条改憲だけは絶対に諦めようとしない。この旗を捨てたら終わりになってしまうからだ」と語った。社民党の又市征治党首は「内閣の総辞職をもって、日本の民主主義と行政の信頼を取り戻す」と訴えた」（「朝日新聞」２０１８年5月４日）。

集会では、「安倍９条改憲ＮＯ！憲法を生かす全国統一署名」（「３０００万署名」）の集約状況について、「１３５０万人」を突破したと報告された。

第2章　改憲運動を加速する日本会議

1　日本会議「設立20周年記念大会」

日本会議と日本会議国会議員懇談会（「日本会議議連」）は「設立20周年記念大会」を２０１７年11月27日に東京プリンスホテルで開催し、自民党、希望の党、日本維新の会の国会議員60数人を含めて、草の根改憲運動を進める日本会議の中央役員、地方役員など２０００人（主催者発表）が参加した。安倍首相はメッセージを寄せ、会場のスクリーンに「特別来賓祝辞　安倍晋三自民党総裁」の字幕と肖像が映されて紹介された。安倍首相は「自由民主党は国民に責任を持つ政党として、憲法審査会における具体的な議論をリードし、その歴史的使命を果たしてまいります」と表明した。

引退した平沼赳夫前「日本会議議連」会長に代わって新会長に就任した古屋圭司・自民党憲法改正推進本部顧問は「結果を出す、成果を出す、実現することが私たち国会議員に課せられた使命だ。同志のみなさんとしっかり連携をしていきたい」「国民運動で、われわれの背中を押していただきたい。ともに憲法改正に向けて確実に歩を進めていこう」と憲法審議会での改憲論議の本格的推進を強調した。下村博文・推進本部顧問は「来年の通常国会での改憲発議をめざす」と言明した。希望の党の松沢成文・参院議員団代表は、「（9条の）2項ははずして自衛権を担保するために自衛隊を置く。その自衛隊は内閣総理大臣のもと文民統治に置かなければならないということをしっかり書く。そういう議論を憲法審査会のなかで提案したい」と9条改憲を表明した。日本維新の会の馬場伸幸幹事長は「人間で言うと年齢が72歳になっているのに、まだ4歳、5歳のときの服を着続けようとしている。これが今の日本国憲法の姿だ」「憲法改正議論はリーダーとして、先頭に立つ立場として議論を進めてまいりたい」と主張した。

こうした改憲派国会議員のエールを受けて櫻井よしこ「国民の会」共同代表は、「憲法改正の議論も審議ももっともっと熱気をこめてスピードをあげて行わなければ間に合わない」と強調した。司会者が「憲法改正まであと一歩」と何回も繰り返したように、9条改憲に向けて強い執念と熱気に包まれた大会だった。大会では、改憲に向け力強い国民運動を推進するとの宣言を採択した。

自民党議員ではこの他に衛藤晟一・新藤義孝・稲田朋美・有村治子・山谷えり子など安倍首相の側近の「日本会議議連」のおなじみのメンバーが多数参加した。

2　日本会議議連メンバーの発言

2017年10月22日投開票の衆議院選挙で、自民党は4割の得票で7割の284議席を獲得し、自公の与党で3分の2（310）を超える313議席となり、維新などの改憲勢力を加えて、改憲派が多数（約8割）を占めた。これを受けて10月23日の記者会見で安倍首相は、憲法改定について「公約に掲げた考え方に沿って、具体的な条文について党内で議論を深め、党としての案を国会の憲法審査会に提案したい」と改憲を推進する主張を展開した。そして、11月7日、自民党の萩生田光一幹事長代行（憲法改正推進本部本部長補佐）は記者会見で、「来年（２０１８年）の通常国会に向けて憲法『改正』の準備を整えていく」と主張した。

これに呼応して、日本会議が設立した美しい日本の憲法をつくる国民の会（「国民の会」）は、２０１７年10月25日、「今こそ、各党は憲法改正原案の国会提出を！国民集会」を開催し、７００人（主催者発表）が参加した。国会議員は、自民党９名、日本維新の会１名が来賓として参加した。自民党の参加議員は、衛藤晟一参院議員（首相補佐官）をはじめ、柴山昌彦・木原稔・古屋圭司・桜田義孝衆院議員、山谷えり子・赤池誠章・山田宏・有村治子参院議員（以上、自民党）、石井苗子参院議員（日本維新の会）である。

２０１２年12月の第二次安倍政権以降の５年余にわたって、唯ひとり首相補佐官を続けている安倍首相の側近中の側近の衛藤晟一（首相補佐官）は次のように主張した。

「私はこの（衆議院選挙の）結果を見た時に、５年前の総裁選を思い出しました。総裁選に出るか否か、出ても不利がいわれていたなかで、『ぜひ出てください。今、日本の危機を救えるのはあなたしかいない。すべてを擲《なげう》って望んでください』と私たちは安倍さんに出馬を要請しました。そして、奇跡的に勝利を収め、安倍総裁が実現しました。そして今回再び奇跡を起こしていただいた。守られているとしか言いようがない勝利でした。

憲法改正に必要なことは、自公が足並みをそろえ、維新にも協力してもらうこと、そして選挙前には、民進党も消極的賛成に回るか、二つに割れるかどちらかしかない、と思っていたところ、（希望の党代表の──筆者、以下同じ）小池都知事によって、（希望の党から立候補するための協定書に）憲法改正と平和安全法制（戦争法）（に賛成するという）ハードルで、そのおかげで民進党がわれました（小池さんに民進党を真っ二つに割っていただいた。改憲勢力３分の２超という状況をつくってもらった）。天の時を得たと確信しました。全力をあげて国会発議が実現するまで頑張っていきたい」

その他に議員の発言の一部を以下に紹介する。

「私は、安倍総裁の総裁特別補佐としてこの8月15日には安倍総裁の名代として靖國神社に参拝させていただいた」「憲法改正に反対の人々は、軍備をすれば戦争が起こる。ＰＫＯに銃を持っていけば標的になるなどと言いますが、これは国際社会の常識と全く乖離しています。『抑止』という概念をいかに国民に説明していくか。これも政治家の責任です」（柴山昌彦・筆頭副幹事長兼総裁特別補佐官）。

「国難突破解散総選挙は、安倍内閣の政権基盤を安定させて、この国を守ってほしいという国民の意思が示され、お力を頂いたと思います」「主権国家としての佇《たたず》まいを整える、美しい国柄を守っていく、そのためには憲法改正はゆっくりと、というわけにはいかない」（山谷えり子参議院議員）。

「安倍総裁が言われているように２０２０年、新憲法を施行させて自衛隊違憲論に終止符を打ちましょう。相手も命懸けでやってきます。私共がしっかりと発議を行ない、そして皆さんが起点となって国民運動を盛り上げていただいて国民投票に勝利しましょう」（木原稔・自民党衆議院文部科学委員長・当時）。

「今回、自民党の公約に自衛隊の明記とはっきりと書きました。主戦場は憲法審査会に移っていきます。批判的なメディアを凌駕する国民運動が必要です。しっかりとした戦略を考えて実行していく。これを徹底していきたい」（古屋圭司・憲法改正推進本部顧問）。

「私は憲法改正は、一番熱心な安倍内閣でやっていただくのが一番いいと思います」（桜田義孝衆議院議員）。

「10年前、第１次安倍内閣で教育基本法を改正しました。立党の精神通り、教育の改革を積み上げる中でいよいよ憲法改正がこの段階にきたのではないのかということを痛切に感じている次第です」（赤池誠章・自民党参議院文教委員長、同文部科学部会長）。

「今回の選挙では何よりも自衛隊の明記ということを憲法改正の具体的な項目として（公約に）入れたこと、そして選挙に勝ったということが最大の勝利だと思っています。これで党内でまだ議論が足りないとかいうのはありえない。国民に約束した以上、直ちに行動を開始しないといけない」「9条を変えずして他の条文を変えても憲法改正したことにはならない。（国会発議と国民投票まで）1年半しかない。一回失敗したら二度とチャンスは訪れない。不退転の決意で、国民投票に向けて組織をつくっていきましょう」（山田宏参議院議員）。

「占領軍が起草した憲法に、国家の主権と独立を守る防衛の志が書かれていないのは、ある意味当然です」「この国難を前に瑞穂の国日本の独立と主権を守り固め、誇りを取り戻すために私たち国民の手で私たちの憲法を作り上げましょう」（有村治子参議院議員）。

「憲法改正の国民投票の実施に向けての政権選択を行ったのが今回の総選挙であったのではないでしょうか。改憲勢力が8割を占めた今、護憲派議員による審議拒否はもはや許されるものではありません」「日本維新の会は国会で憲法改正原案をつくるために積極的な改憲論議を進めていく決意です」（石井苗子・日本維新の会参議院議員）。

以上のように、「日本会議議連」メンバーは総選挙で憲法に自衛隊を明記する9条改憲が国民に支持されたごとくに主張し、「今が絶好のチャンスだ」と早期の改憲に意欲を示し、「主戦場は衆参の憲法審査会だ」「ゆるゆるとやっていいものではない」などと主張し、早期の改憲への執念を語っていた。さらに、日本会議の「国民運動」への期待を熱く述べた。

「国民の会」共同代表の櫻井よしこは「安倍政権のもとで憲法改正を成し遂げなければならないと思います。このチャンスを逃したら本当にこの後は難しくなるかもしれません。安倍首相は2020年までに憲法を改正して新憲法を施行するとおっしゃっている。私たちが決意して、何故に憲法改正しなければならないのか、本当にその気になって多くの人に語りかけなければならない」「1千万人の署名まであと一歩です。数値目標を達成すると共に、この数に魂を吹き込むような形で頑張ってまいりましょう。必ず私たちの手で憲法改正を実現してまいりましょう」と、安倍改憲の草の根運動に向けて檄を飛ばした。「国民の会」が２０１４年10月から取り組んでいる憲法改正賛同者拡大１０００万署名は、本大会（２０１７年10月25日）現在９８９万８０１２名と発表された。

3　自民党と日本会議の連携

この集会では次のような決議文が採択された。

今こそ、各党は憲法改正原案の国会提出を！

今般実施された衆議院総選挙では、昨年七月の参議院選挙に引き続き、再び、戦後史を画する重大な政治選択がなされた。すなわち憲法改正に前向きな与野党が衆議院の議席の八割を占めるに至った。

今回は、複数の政党が憲法改正を重点公約に掲げて戦う、戦後初めての総選挙となった。しかもその結果、憲法改正に前向きな勢力が八割に及んだのである。ここに、憲法見直しを求める広範な民意が示されたと見るべきであろう。

現在、わが国を取り巻く内外の情勢は大きく変貌している。北朝鮮による重なる弾道ミサイルの発射は、核開発と相まって、わが国のみならず世界の平和にとって深刻な脅威となりつつある。

わが国の平和と安全にとって不可欠な自衛隊を、憲法上、いつまでも曖昧な存在にしておくわけにはいかない。憲法施行から七十年、自衛隊が創設されて以来六十三年が経過した今こそ、憲法九条を改正し、自衛隊の存在を明記することが、何よりも求められている。

首都直下地震や南海トラフ巨大地震の発生が予測されている中で、現行憲法には、大規模自然災害等の事態に対処するための緊急事態条項が存在していない。世界各国で常識となっている緊急事態条項が現行憲法にないのは、憲法の根本的欠陥以外の何物でもない。
この度の総選挙において示された民意を踏まえ、今度こそ、各党は、国民の命と暮らしを守る国家としての責任を果たすため、憲法改正原案を国会に提出し、党派を超えた合意形成に全力を尽くすべきである。この旨、各党及び国会議員に強く要望する。
右、決議する。／平成29年10月25日／美しい日本の憲法をつくる国民の会
（以上の引用は日本会議機関誌『日本の息吹』２０１８年1月号より）

一方、自民党は第四次安倍政権のもとで憲法改正推進本部（以下、推進本部）を強化して、日本会議などの草の根改憲運動と連携し、安倍政権のもとで18年の通常国会での発議に向けた動きを強めている。推進本部は、46人の役員がいるが、そのほとんどが安倍人脈の改憲論者である。本部長は、安倍首相が所属する細田派会長の細田博之、特別顧問は10月総選挙で引退した高村正彦、自民党副総裁と同じく癌が見つかって引退した保岡興治前推進本部長である。顧問には下村博文・古屋圭司・中曽根弘文など12名である。特別参与は森英介・柳本卓治の二人。本部長代行は船田元で、本部長代理は中谷元と岡田直樹（事務局長兼任）、本部長補佐は萩生田光一である。事務総長は根本匠で、事務局次長に柴山昌彦・古賀友一郎・西田昌司、副本部長は岩田毅・江渡聡徳・有村治子・衛藤晟一・山谷えり子など12名である。幹事は安藤裕・小島敏文・新谷正義・舞立昇治など9人である。46人中「日本会議議連」は33人（71・7％）、「神道議連」40人（87・0％）、「靖国議連」35人（76・1％）、「創生」日本（安倍議連）13人（28・3％）である（ほとんどがダブり）。これらの議連のどれにも属していないのは2人だけである。「日本会議議連」を中心にバリバリの改憲論者によって固めた推進本部といえる。

安倍9条改憲と連動した「ありがとう　自衛隊」キャンペーン

日本会議・「国民の会」は「ありがとう　自衛隊」キャンペーンを展開している。これは、日本会議の発案に基づいて安倍首相が提案した「憲法9条に自衛隊を明記する」という改憲案に呼応した運動である。日本会議・「国民の会」は、2017年7月14日〜8月11日に「青年・壮年」によって、全国8コースに分かれて全国縦断キャラバンを実施した（沖縄は9月、北海道の後半は10月）。「ありがとう自衛隊」「自衛隊を憲法に明記しよう」と書いた「桃太郎旗」を立て、「ありがとう自衛隊」と印字したおそろいのTシャツを着て全国各地で街宣や集会、署名などの活動を展開した。

こうして、安倍政権・自民党と日本会議が連携して安倍9条改憲に向けた動きを激化させている。

4　日本会議・「日本会議議連」の20年の運動と「成果」

日本会議・「日本会議議連」は2017年5月に結成20周年を迎えた。日本会議は機関誌『日本の息吹』誌面で20周年の活動を総括する企画「誇りある国づくりをめざして」《日本会議20年の歩み》を2017年4月号から12月号まで連載した。そこには日本会議が推進してきた憲法改悪をはじめとした「国民運動」や組織の実態が明らかにされている。ここで取り上げている「課題」に日本会議の「野望」が明確に示されている。そこで以下、日本会議自身が語る「20年の歩み」を、日本会議の「野望」と関連させて見ておこう（「各組織の現状数は2017年3月1日現在もの」という注がついている）。

ここでは、「国民運動の歴史を引き継いで」という見出しで、1997年5月30日、「昭和50年代の元号法制化運動以後、『日本を守る会』と『日本を守る国民会議』による20年間の国民運動の歴史を引き継ぎ両会が統合して」日本会議が結成されたとしている。初代会長は塚本幸一・ワコール会長（故人）、第2代が稲葉興作・日本商工会議所会頭（石川島播磨重工会長、故人）、第3代三好達・元最高裁長官（現名誉会長）、第4代・現会長は田久保忠衛・杏林大学名誉教授である。組織の状況は、47都道府県すべてに県本部があり、県本部の下に252支部（2017年11月現在）がつくられ、「来たるべき憲法改正の国民投票運動の推進母体として活動できる組織をめざ」している。「日本会議の全国の役員は約3500名、会員は約4万名」である。

次いで「超党派の国会議員懇談会、地方議連」の見出しで、日本会議国会議員懇談会（「日本会議議連」）と日本会議地方議員連盟について述べている。

日本会議結成の1日前の1997年5月29日に結成された「日本会議議連」は、「民間（日本会議のこと）と連携して誇りある国づくりに向け、憲法、教育、防衛など国家基本問題や時局問題に迅速かつ的確に取り組んできました。国旗国歌法の制定、教育基本法の改正、皇室制度の見直し、憲法改正などの国の基本問題、外国人参政権や夫婦別姓等の諸問題について、民間（日本会議）の国民運動と連携して、法案成立や政策実現に大きな力を発揮しています」。「日本会議議連」の初代会長は島村宜伸、第2代・麻生太郎、第3代・平沼赳夫で「同議連所属の超党派国会議員は、現在290名」。

2007年10月に設立された日本会議地方議員連盟には、各級地方議員1800名が加盟し、「各地の国民運動（日本会議支部などの運動）に相呼応して、地方議会活動を通じ外国人参政権問題や教育問題（教科書採択問題）に取り組み、また、教育基本法や憲法改正など国政問題に関しても地方議会決議の牽引役を果たして」いる。34都道府県に議連組織がつくられ、初代会長は野村有信・東京都議会議員（当時）、第2代会長・松田良昭・神奈川県議会議員である。

さらに、「女性も経済人も元気に国づくり」の見出しで、日本女性の会と日本会議経済人同志会が紹介されている。

「女性による国民運動も活発」で、2001年9月に日本女性の会が設立されたが、これは「平成に入って家族の絆を破壊する思想を含んだ男女共同参画基本法が制定され、また夫婦別姓制度が導入されようとして」いたので、「家庭や子供を守ろうと立ち上がったのが女性の会。歴史と伝統の中で育まれた家族の価値を再評価し、子供たちに夢と誇りを育む教育を、家庭・地域・学校で実現することをめざし活動を展開。憲法改正運動が本格化した一昨年からは、『女性による憲法おしゃべりカフェ』開催の推進力になっています」。初代会長は安西愛子、第2代会長は小野田町枝（小野田寛郎夫人）、会長代行・志摩淑子で、39都道府県に46支部ができている。

日本会議経済人同志会は2004年4月に設立された。「日本会議に加盟する経済人（会社経営者などが日本会議の国民運動に共鳴し、勉強会や政策提言活動を推進するとともに、日本会議の署名運動などを推進。また日本会議の国民運動の財政支援に尽力し」現在100社が加盟している。初代会長は武原誠郎・株式会社イムカ社長、第2代・宇都宮鐵彦・日華代表取締役会長、第3代・住母家岩夫・電硝エンジニアリング社長、第4代・澁木正幸廣建会長である。

第3章　日本会議とは何か

本書の姉妹編の前作『日本会議の全貌――知られざる巨大組織の実態』（花伝社）で、「日本会議とは何か」について詳述した。『日本会議の全貌』を読んでいない読者のために、日本会議について、最低限のことを述べておく。

1　日本会議・「日本会議議連」の設立

日本会議・「日本会議議連」は、いつ、どのようにして生まれたのか。１９９７年5月30日、右翼組織の「日本を守る国民会議」と宗教右翼組織の「日本を守る会」とが組織統一を行い、日本最大の改憲・翼賛の右翼組織「日本会議」が発足した。日本会議が発足する前日の5月29日に、日本会議を全面的にバックアップし連携する目的で結成されたのが超党派の日本会議国会議員懇談会（「日本会議議連」）である。

「日本会議議連」の名簿は非公開であり、議連メンバーを知るのは容易ではないが、筆者は97年から今日まで何回か名簿を入手した。それによれば、「日本会議議連」に参加する議員は、結成時衆参１８９人だったがその後増え続け、２０１６年12月現在約２９０人になっている。

「日本会議議連」は超党派であるが約9割は自民党であり、自民党内の「日本会議議連」メンバーは衆参共に一大勢力である（衆参議員717人の約4割、自民党衆参議員417人の約6割）。安倍晋三は「日本会議議連」の2人しかいない特別顧問の1人（もう1人は麻生太郎）であり、これだけ強大化した右翼議連がその中心人物を総理・総裁に押し上げたのが、第一次・第二～四次安倍政権誕生の舞台裏である。日本会議と同議連は綿密に連携して日本の政治を動かしている。

2　日本の政治・社会・教育などを支配する日本会議・「日本会議議連」

「日本会議議連」は、「歴史・教育・家庭問題」（座長・高市早苗＝2007年当時、以下同じ）、「防衛・外交・領土問題」（座長・安倍晋三）、「憲法・皇室・靖国問題」（座長・鴻池祥肇）の3つのプロジェクトを設けて、合同役員会などで日本会議と協議し、日本会議の要求・政策を国政に持ち込む活動をしている。また、「日本会議議連」は、憲法、防衛・基地、領土問題、皇室制度、危機管理などをテーマに日本会議の中心メンバーの櫻井よしこ（ジャーナリスト）、百地章（日本大学教授）、西修（駒澤大学名誉教授）、長尾一紘（中央大学名誉教授）、長谷川三千子（埼玉大学名誉教授）、大原康男（国学院大学名誉教授）、高橋史朗（明星大学教授）、八木秀次（麗澤大学教授、日本教育再生機構理事長）、伊藤哲夫（日本政策研究センター代表）など右翼学者などを講師に勉強会を行い、「理論武装」と「意思統一」を行って活動している。こうした活動の上に、「日本会議議連」は、2014年6月に「皇室制度PT」（座長・衛藤晟一）、2014年11月に「憲法改正PT」（座長・古屋圭司）の2つのプロジェクトチーム（PT）を設置して、勉強会と政策づくりを行っている。

日本会議は、伊藤哲夫、百地章、高橋史朗、大原康男、西修など20人からなる政策委員会を設置している。

この政策委員会が政策研究を行って日本会議の政策を決め、「日本会議議連」に提言し、同議連メンバーが国会質問などで政府にその実現を求めている。

前述のように、日本会議と「日本会議議連」は日常的に連携をとり、合同役員会などで情勢認識や方針を確認しているが、2007年10月7日には、合同で「設立10周年記念大会」を開催した。

こうした右翼組織と右翼議連が日常的・継続的に連携して政治や教育などの課題に取り組み、政策をつくり実現するという図式は、日本会議と「日本会議議連」が初めてであり、日本会議と「日本会議議連」の誕生はそれまでの右翼運動を大きく転換したといえる。両者の連携によって、日本の政治や社会、教育に重大な影響を及ぼしてきた。「影響を及ぼす」というよりも、日本会議の政策・要求が「日本会議議連」の活動によって、実現したり、政府の政策を断念させたりしてきた。

3　日本会議の活動と政治・社会・教育などでの「成果」

日本会議は、「誇りある国づくり」をスローガンにして、全国に約4万人の会員を擁し、47都道府県本部と252支部（2017年11月現在、筆者調べ）を設置し、1600人を超える地方議員が加盟する日本会議地方議員連盟（「地方議連」）や日本女性の会、日本青年協議会（会長は椛島で事実上日本会議の「青年部」であり、日本会議の事務総局の活動を担っている、「日青協」）などの組織をもって「草の根」の右翼運動を展開している。

日本会議のコアメンバー（中心的な構成員）は60年代後半～70年代の右翼・民族派学生運動＝新興宗教「生長の家」運動の出身者である。彼らは、1966年に「生長の家学生会全国連絡会」（「生学連」）（委員長・土橋（高橋）史朗）を結成した。

1966年に長崎大学の「生学連」が椛島有三・安東巌の指導で一般学生を組織し、学生自治会選挙に勝って、社青同解放派から学園を「解放」した。椛島は1967年に長崎大学学生協議会（「長大学協」）を結成し議長に就任した。椛島は全国の「生学連」に大学内に「学協」結成を呼び掛ける。衛藤晟一は大分大学・別府大学で「学協」を結成して活動した。九州学協は長崎大学に続いて、1969年5月～11月に熊本大学、鹿児島大学などで全共闘などのバリケード封鎖を排除した。こうした活動の中で、全国7つの「ブロック学協」が発足した。

1969年5月、全国学生協議会連合（「全国学協」、右翼・民族派全学連）結成（委員長・鈴木邦男、書記長・安東巌、鈴木は安藤と対立して半年で委員長を辞任、後に生長の家も辞める）。全国学協のOBが中心になって、1970年11月3日、橿原神宮で日本青年協議会（「日青協」）を結成した。当時の役員は、委員長・衛藤晟一（現首相補佐官）、書記長・椛島有三（現日本会議事務総長、日青協会長）、政策部長・伊藤哲夫（日本政策研究センター代表）、編集局長・松村俊明（日本会議事務局長）、百地章（日本大学教授、日本会議政策委員）である。日青協は下部組織に「生学連」、「全国学協」、反憲法学生委員会全国連合会（「反憲学連」）、日本教育研究所などをもち、青年教師や教育系学生の組織化をめざした。当時の「反憲学連」の役員は、議長・宮崎正治（日本教育再生機構常務理事、元「つくる会」事務局長、故人）、編集長・松村俊明（日本会議事務局長）である。日本教育研究所で結成時は事務局長、後に副代表になり中心的に活躍したのは高橋史朗（現日本会議政策委員）で、教育理論研究会代表を松村俊明（日本会議事務局長）が務めた。

ここに登場した安東巌と鈴木邦夫以外の人物は、現在、日本会議の中心的な活動を担っているメンバーであり、まさにコアメンバーといわれる所以である。

日本会議の活動の主要な活動形態・方法は、署名運動（国民対象、国会議員対象、首長対象など）、地方議会決議、中央や主要都市での大規模集会と各地での集会、国会議員（「日本会議議連」をはじめ地元選出議員）への要請行動、全国キャラバン、機関誌『日本の息吹』（月刊）の発行と普及、出版部門の明成社から多数の図書を発行・普及している。さらに、ビラやチラシの発行・配布、フロント組織の活用、インターネットの活用などである。この活動形態・方法のルーツは、元号法制化運動の時に椛島有三が「左翼」の運動を参考に考案したという。このやり方が、次に述べる日本会議の活動と成果を生み出したものであり、この活動形態・方法は今日の改憲運動をはじめ日本会議の活動に受け継がれている。

日本会議は、これらの議連や組織を中心に、課題別のフロント組織（別動隊）を立ち上げて「国民運動」を進めてきた。その結果、日本を守る国民会議時期も含めると日本の政治や社会、教育などに重大な影響を及ぼす「成果」をあげてきた。その主なものは、元号法制化の達成、政府主催の天皇奉祝行事の実現、高校日本史教科書の発行と継続、女系女性天皇容認の皇室典範改定阻止、国旗国歌法制定、中学校教科書の「慰安婦」記述削除、教育基本法「改正」、選択的夫婦別姓法案阻止、外国人地方参政権法案阻止、検定制度改悪と教科書統制強化、道徳の「教科化」実現、例年の8・15の靖国神社参拝運動の広がり、領土問題での排外主義の広がりと教科書への領土問題の政府見解の記述実現、育鵬社教科書の採択などである。

4　日本会議がいまめざしているもの

このように見てくれば、極右組織・日本会議が掲げた要求・課題が、連携する国会議員・地方議員や日本会議の会員、地域支部、日本青年協議会、日本女性の会などの運動によって実現してきた構図が明らかになってくる。日本会議は、安倍政権がすすめる解釈改憲による「戦争する国」のための戦争法（安保法制）を「平和安全法制」と名付けて全面的に支持し、推進してきた。そして今、日本会議の悲願（安倍首相の悲願でもある）の憲法「改正」の実現に向けて、２０１４年10月に「美しい日本の憲法をつくる国民の会」（共同代表：櫻井よしこ・「憲法臨調」代表、田久保忠衛・日本会議会長、三好達・同名誉会長、事務総長：打田文博・神道政治連盟会長、事務局長：椛島有三・日本会議事務総長、幹事長：百地章日本大学教授、「国民の会」）をつくり、「戦争する国」を実現する「草の根改憲運動」に全力をあげている。「国民の会」は憲法改正に賛同する1000万人署名に取り組み、日本会議の改憲運動を「草の根」で展開している（2018年2月に署名は1000万人を達成したと公表）。

2016年7月の参議院選挙で自民・公明が議席を伸ばし、非改選議員を含めて改憲勢力が3分の2を超えたことを受け、日本会議は今こそ改憲の絶好のチャンスが来たとして、改憲策動をさらに強めている。

日本会議は、「悲願」の改憲の他にも、天皇尊崇の活動、教育・教科書問題、夫婦別姓やジェンダー平等教育反対、「慰安婦」問題をはじめとした歴史認識問題などに取り組んでいるが、これについては第4章以降で取り上げることにする。

こうした運動方針・活動方法をつくり日本会議を事実上動かしているのは、日本会議事務総長の椛島有三であるが、彼については本書の姉妹編である拙著『日本会議の全貌』をご覧いただきたい。

第4章　日本会議9つの野望

1　第1の野望「憲法改正」

前述の『日本の息吹』誌「日本会議20年の歩み」連載の2回目（2017年5月号）に「憲法改正」を持ってきたのは、改憲が日本を守る国民会議（「国民会議」）・日本会議結成の最大の目標であり「悲願」だからである。

この項目の見出しは、「当初から重要テーマだった憲法改正」「5月3日の憲法シンポジウム開催」「冷戦終結後の国家像の構築」「新憲法制定宣言と新憲法の大綱」「憲法調査会から国民投票へ」「国会発議に向けた新たな国民運動へ――1000万賛同者拡大運動」「全国に広がる憲法改正を求める国民の声」である。これを見ただけでもわかるように、日本会議とその前身の日本を守る国民会議は、37年間も憲法「改正」を最重点課題として取り組み、そして、安倍政権の実現によって、いよいよ「悲願達成」の絶好のチャンスが到来したとして、2014年、美しい日本の憲法をつくる国民の会（「国民の会」）を結成して1000万賛同署名などに取り組んでいる。

「国民の会」が2015年11月に日本武道館で開催した1万人大会に安倍首相がビデオメッセージを寄せたことに表れているように、安倍改憲と日本会議の改憲運動は「二人三脚」である。この項の最後「全国に広がる憲法改正を求める国民の声」には、次のように書かれている。

憲法改正への理解と期待は、国民に大きく拡がり続けています。

◎1000万賛同者拡大運動　8792840名
◎国会議員署名　超党派415名
◎地方議会決議　36都府県（全県の76％）
◎県民の会（「国民の会」の県組織）結成　47都道府県

（平成29（2017）年3月20日時点）

そして、次のような表が掲載されている。

主な憲法改正運動（前身のひとつ「日本を守る国民会議」時代も含む）（カッコ内の西暦は筆者）

昭和55年（1980年）8月　16㎜映画『脅かされる北の守り』を実行委員会形式で制作し、全国上映運動

昭和56年（1981年）2月　元号法制化の成果を引き継ぎ、全国で「日本を守る都道府県民会議」が結成される

昭和56年5月　16㎜映画「憲法、今問われるもの」を実行委員会で制作し、全国上映運動

昭和56年10月　「日本を守る国民会議」設立（加瀬俊一議長、黛敏郎運営委員長）

昭和56年5月2日　シンポジウム「日本の針路を問う」開催
昭和57年（1982年）以降　5月3日にあわせて憲法シンポジウム開催（平成13年まで17回開催。平成14年以降は「民間憲法臨調」の行事開催に協力）
昭和57年11月　憲法改正草案作成に向けた「政策委員会」（清水幾太郎委員長）が発足
昭和59年（1984年）5月　政策委員会による「憲法改正に関する中間報告」発表
平成3年（1991年）6月16日「新憲法制定宣言」発表（於：日本を守る国民会議第10回総会）
平成5年（1993年）「新憲法の大綱」発表（記者会見）
平成6年（1994年）4月30日　単行本『日本国新憲法制定宣言』（徳間書店刊）
平成7年（1995年）12月「新憲法研究会」（小田村四郎代表）を国民会議内に設置し研究活動
平成13年（2001年）4月15日　単行本『新憲法のすすめ――日本再生のために』（明成社刊）日本会議新憲法研究会編
平成13年11月　友好団体「21世紀の日本と憲法有識者懇談会（通称：民間憲法臨調）」が設立、初代代表に三浦朱門氏、現代表は櫻井よしこ氏
翌年からの5月3日「公開憲法フォーラム」開催に日本会議は協力し現在に至る
平成15年（2003年）11月　単行本『こんな憲法にいつまで我慢できますか――亡国の民とならないために』（明成社刊）日本会議新憲法研究会編
平成26年（2014年）10月「美しい日本の憲法をつくる国民の会」設立、共同代表に櫻井よしこ、田久保忠衛、三好達の各氏が就任
平成27年（2015年）日本女性の会を中心に全国で「憲法おしゃべりカフェ」の活動を開始
平成27年11月「今こそ憲法改正を！一万人大会」（日本武道館）を開催

2　第2の野望「教育」

「日本会議20年の歩み③」（『日本の息吹』２０１７年6月号）は、「教育　広島の教育正常化から教育基本法改正へ」であり、小見出しは、「労働組合による学校現場の『不当な支配』」「『新しい教育基本法を求める会』の提言」「政府は中教審で検討、民間では教育臨調結成」「59年ぶりに教育基本法全面改正が実現！」「新教育基本法の適正な実施を求める教育運動」「歴史教科書編纂事業の提唱」である。

日本会議は結成後すぐに全国各地の教育委員会に対して「日の丸・君が代」の強制を要請し、これに抵抗する教職員組合への攻撃を行った。この「国民運動」に対して「日本会議議連」が全面的に連携し、文部省も一体となって「日の丸・君が代」強制を実行した。この攻撃で最初にターゲットにされたのが広島県である。

「日本会議議連」の中心メンバーの一人だった亀井郁夫参議院議員は、日本会議広島県本部と連携して、「広島の教育は教職員組合に不当に支配されている」として、事実を歪めた一方的な質問や証人喚問など国会を舞台に激しく攻撃した。これを受けて文部省は広島県教育委員会に教育長を送り込み「日の丸・君が代」の「3点指導」を実施した。こうした中で、卒業式の「日の丸・君が代」実施問題で県教委と教職員組合との「板挟み」で悩んだ広島県立世羅高校の校長が自殺した。この事件を利用して日本会議は「国旗国歌の法制化を求める特別決議」（１９９９年4月）を行い、「日本会議議連」は4月～5月の国会で「広島県の偏向教育問題」と「国旗・国歌」の法制化を求める論議を展開した。6月4日には日本会議と「日本会議議連」は連携して、小渕恵三首相（当時）及び自民党三役と会見して、国旗・国歌の早期の法制化を求めた。この日本会議・「日本会議議連」の「活躍」によって１９９９年8月9日に「国旗国歌法」が成立した。

この法案の国会審議で政府は、「この法律は学校現場で国旗掲揚、国歌斉唱を強制するものではない」と繰り返し答弁していたが、法成立後すぐに文部省は学校現場での強制に動き出した。東京都の横山洋吉教育長（当時）が出した「9・23通達」をはじめ各地の教育委員会が「日の丸・君が代」強制の行政指導を強めた。日本会議は、県本部・支部が日本会議地方議員連盟の議員と連携して、「学校現場や議場での国旗掲揚に取り組む」など「日の丸・君が代」強制を「国民運動」として展開している。

こうして「教育」における最初の「野望」を達成した日本会議は、次の「野望」を教育基本法「改正」と位置づけ、2000年3月に「日本教育会議」（代表・石井公一郎日本会議副会長）を設置し、同年9月に「新しい教育基本法を求める会」（会長・西澤潤一岩手県立大学学長）を結成、森喜朗首相（当時）に「教育基本法の早期改正」を求める要望書を提出した。この要望書は、①伝統の尊重と愛国心の育成、②家庭教育の重視、③宗教的情操の涵養と道徳教育の強化、④国家と地域社会への奉仕、⑤文明の危機に対処する国際協力、⑥教育における行政責任の明確化、の6項目からなっていた。

こうした日本会議の運動と呼応して、政府・自民党も「国旗国歌法の次は教育基本法改正だ」という動きを強めた。国旗国歌法が国会で成立した翌8月10日、自民党教育改革実施本部の教育基本法研究グループは教育基本法の見直しに着手することを決定し、9月8日、小渕恵三首相（当時）が「教育基本法の見直しに着手する」と言明した。「首相は、国旗・国歌法の制定を踏まえ、『歴史・伝統の重視』『愛国心・道徳教育』などを色濃く反映させた改正を目指す」（「毎日新聞」1999年9月10日）と主張した。自民党は2002年1月、教育基本法検討特命委員会（委員長・麻生太郎政調会長）を設置して党内議論を開始した。

小渕首相の私的諮問機関の「教育改革国民会議」（座長・江崎玲於奈）が「教育基本法改正」を提言し（2000年12月22日）、これを受けて2001年11月26日、遠山敦子文科相は中教審に教育基本法見直しを諮問し、中教審は2003年3月20日に教育基本法「改正」を答申した。

日本会議は新しい教育基本法を求める会の組織と運動をさらに発展させるために、２００３年１月「日本の教育改革有識者懇談会（通称・民間教育臨調）」（会長・西澤潤一）を設立した。こうした日本会議や新しい歴史教科書をつくる会を中心とした右派勢力の動きに連動して、２００４年２月、超党派の国会議員３８０名によって「教育基本法改正促進委員会」（委員長・亀井郁夫参議院議員）が発足した。「日本会議・日本会議国会議員懇談会に加えて、民間教育臨調、教育基本法改正促進委員会の４団体が協力し、民間と議員の垣根を越えて教育基本法改正に取り組んでいくことになった」。そして、日本会議は２００４年５月に「安倍晋三自民党幹事長と面会して早期の改正を申し入れた」。同年６月、日本会議と教育基本法改正促進委員会は「新教育基本法の大綱」を発表し、10月、中山成彬文部科学大臣（当時）に教育基本法改正を要望した。さらに、この４者は２００４年11月に教育基本法の改正を求める中央国民大会を日比谷公会堂で開催し、２０００名（主催者発表）が参加した。その多くは日本会議と神社本庁の動員であった（青木理『日本会議の正体』）。

２００６年４月28日に教育基本法「改正」の政府案が国会に上程された。政府案にはこの間に日本会議が要求してきた内容はほとんど盛り込まれたが、日本会議はさらに「愛国心の明記」「宗教的情操教育の明記」「不当な支配の解釈変更」の３点の修正を政府与党に要求した。「最終的には、法律の文言こそ変わらなかったものの、国会審議を通じた政府答弁の中に私たちの要望は取り入れられることになりました」。こうして、２００６年12月15日、第一次安倍内閣の下で教育基本法「改正」案が参議院で可決され成立した。日本会議は、この項のまとめとして「教育基本法改正国民運動の成果」として次の点をあげている。

◆国会請願署名　約３６２万名
◆地方議会決議　37都道府県４２０市区町村
◆超党派議連加盟国会議員　超党派３８０名

◆「愛国心」「宗教的情操」「不当な支配」３点の修正を求める議員　超党派１９２名

３　第３の野望「防衛」

「日本会議20年の歩み④」（『日本の息吹』２０１７年７月号）は、「防衛　尖閣を守る署名運動から領土・領海警備の強化へ」であり、小見出しは、「国民の防衛意識の啓発と自衛隊激励の活動」「中国漁船衝突事件への危機感から『尖閣を守れ！全国署名』の展開へ」「1年で２００万筆を超えた請願署名」「『領海警備強化法案』成立へ！」である。これが今日の憲法９条への自衛隊明記の布石になっている。

「日本会議では、前身の『日本を守る国民会議』時代に取り組んだ自衛隊法改正運動に始まり、国民の国防意識の啓発のため様々な活動に取り組んできました」「私たちは折に触れて自衛隊激励の活動を行ってきました」。２０１０年９月の中国漁船による尖閣諸島沖の領海侵犯と海上保安庁の巡視船への追突行為と船長の逮捕事件が起こった。日本会議は、「この事件は、我が国の領土・領海を守る法体制と警備体制の不備を明白にした」として、２０１０年９月30日に東京で「守れ、尖閣諸島　緊急集会」を開催した。そして、日本会議は「要望内容を３点にまとめ、『尖閣諸島をはじめ我が領土領海を守るための請願署名』を政府、国会に要請する『尖閣を守れ！全国署名』を開始した。２０１０年11月から始めた『尖閣を守れ！全国署名運動』は、日本会議加盟団体や都道府県本部・支部、経済人同志会、地方議員連盟などで活発に展開され」、１年間で約２２４万名を超え、国会請願紹介議員２５６名、地方議員賛同署名４１９４名に達し、２０１１年11月には領海警備法案の早期成立を求める「尖閣諸島を守る全国民集会」と国会請願行動に取り組んだ。

日本会議は、会員むけに「誇りある日本を子孫に残すため『日本救国募金』に皆様方のご協力を」という取り組みを行った。呼びかけのリーフレットの表紙には「尖閣・沖縄が危ない　皇室二千年の伝統が危ない今こそ日本を守る力を！／あなたの力が『日本を守る力』となります。『日本救国募金』」とある。

具体的な「救国の課題」には、「皇室二千年の伝統が危ない／男系で皇位継承されてきた万世一系の伝統を守り伝えます」「子どもたちの教育が危ない／愛国心を明記した新教育基本法の教育を全国の学校で実践します」「日本の領土が危ない／領海警備強化の法改正を行い、海洋大国日本の主権を守ります」「沖縄・尖閣を守ろう／沖縄に行幸啓の天皇皇后両陛下の大奉迎運動を推進します」の4つの問題をあげている。

また、「募金目標額…5000万円」「募金の種類は　A（一般募金）…一口1万円　B（特別募金）…一口5万円　C（篤志募金）…一口10万円」（『日本の息吹』）とあり、一般募金が1口1万円という庶民感覚からは考えられないような活動であるが、こうしたことにお金を出す人がいるというのも今の日本の現実ということだろう。

このように、日本会議はこの時期、尖閣問題を「国難」と位置づけて「国民運動」を展開していた。この日本会議などの運動の成果として、2012年8月29日に「領海警備強化法案―『海上保安庁法』及び『外国船舶航行法』の改正案が全会一致で採択され可決された」。

4　第4の野望「歴史の改ざんと歪曲した歴史認識の拡大」

日本会議が20年の歩みのまとめの最初に「憲法改正」「教育」「防衛」を位置づけているのは、日本会議の前身の日本を守る国民会議（「国民会議」）の結成当初から、この3つが中心的な「同一の課題」だったからである。「国民会議」の黛敏郎運営委員長（当時）は、「国民会議」総会の基調報告で次のように述べている。

「日本を守るためには物質的に軍事力で守る防衛の問題と、更に心で、精神で守らなければならない教育に関係した二つの大きな問題がございます。この二つを統合する大きな問題として憲法がありますが、国を守る根源は、つまるところ国家民族というものをいかに認識するか、換言するならば天皇という御存在を如何に認識するかということが大切だと思います」

「私共が憲法改正を唱えるにあたって、まず国家意識、ひいては天皇につながる国体というものをまずはっきりと確立するところから手をつけなければならないと考える次第です。つまり、憲法、防衛、教育の問題は、まず正しい国家意識と言うならば正しい愛国心の確立と言う根源的な心の問題から入らなければならないと思います」(『日本の息吹』第2号・1984年7月15日)

「国民会議」の1984年度国民運動基本方針を提案した副島廣之事務総長(当時、明治神宮権宮司)は、「教科書編纂事業等に取り組む中で、憲法改正の思想的潮流を形成して行きたい」と述べている(『日本の息吹』第2号・1984年7月15日)。

前述の「教育」のところで最後に述べていた「歴史教科書」の編集・発行は『新編日本史』(原書房)、現在の『最新日本史』(明成社)の発刊のことである。「国民会議」にとって高校歴史教科書の発行は、天皇中心の国家体制をつくるための憲法改悪への「思想的潮流の形成」と位置付けられていた。憲法、防衛、教育を同じ課題として、まず、国家意識=愛国心を培うために歴史教科書の発刊が必要だということである。そして、「国民会議」は、高校日本史教科書を発行する意義について、次のように説明していた。

「(一)偏向教科書の批判に止まっていた従来の反省を踏まえ、我々が目指すべき教科書を自らの手で編纂して内外に示す。

(二)良識ある教科書の配布運動を全国に広げ、父兄住民を中心とした国民の教科書是正の世論を喚起する。

(三)今回の教科書の編纂に関しては、政治経済社会などの発展段階に重きをおいた記述から、日本人の精神文化の流れに着目した記述を試みる。

これまで、生徒に正しい歴史を教えようと思っても実際使用出(ママ)きる教科書がなかったのが実情で、そうした現場の要望に応えうる教科書を作成し、教科書是正の第一歩とすべき構想をすすめています」(『日本の息吹』創刊号・1984年4月15日)

『最新日本史』による歴史わい曲の策動――「東條・マッカーサー史観」という亡霊

日本会議の『最新日本史』を2018年度に使用している高校は、全国で32校(県立17校、私立15校)3931冊である。この10数年間でみても2006年度:5161冊、2010年度:5028冊を除いて4000冊台の採択しかない。占有率でも1%以下であり、毎年大幅な赤字である。それにもかかわらず日本会議がこの教科書を発行し続けているのは、彼らの歴史観を世に伝えるメディアの一つであり、歴史わい曲の宣伝媒体だからである。

2012年は明成社版『最新日本史』の改訂版が検定合格して採択が行われたので、日本会議の機関誌『日本の息吹』は毎号のように『最新日本史』の宣伝記事を載せている。

6月号は「歴史に関心と愛国心を呼び覚ます　高校教科書『最新日本史』検定合格で採択へ」を掲載している。そこでは、「歴史を大観する力を養います」「豊かな日本文化を実感し、日本人としての自覚を高めます」「歴史上活躍した偉人を数多く紹介します」「地域学習の題材を多く取り上げ、郷土への関心を高めます」という4つの特色をあげている。

8月号は「歴史とは誇りである　高校教科書『最新日本史』を語る特別鼎談《前篇》」を8ページ掲載している。リード文は「改正教育基本法下の学習指導要領改訂後初の高校教科書の採択戦が現在、行われている。保守系唯一の高校日本史『最新日本史』の意義と魅力とは何か」。小見出しは、「戦後の徒花(あだばな)としての教科書問題」「分水嶺だった教科書誤報事件」「河野談話を破棄せよ」「東京裁判史観から東條・マッカーサー史観へ」というものである。鼎談者は、渡部昇一(『最新日本史』著作者代表、故人)、國武忠彦（元神奈川県立江南高校校長、『最新日本史』編集長）、水谷真逸（私立近江高校教員、『最新日本史』を採択）である。ここで新たに『最新日本史』の編集長になった國武は神奈川県立高校で日本史を教えていた元校長であるが、どういう人物なのかは彼の誌上発言によく表れているので、渡部が提唱する「東條・マッカーサー史観」を紹介する前に、「原発反対も戦後思想の徒花」などという國武の発言を紹介する。

安保反対も原発反対も戦後思想の徒花ですね。教科書問題も戦後教育の一環であって根が深いのです。敗戦後の米占領政策が教育の根本精神を変えてしまった。GHQは、NHKや新聞社などに命じて、「米国や連合国は正しくて日本は間違っていた」「日本は残虐な戦争を始めたばかりでなく、その日本人の精神自体が間違っていたのだ」と宣伝しました。多くの愛国者が公職追放され、代わりに、共産主義者、社会主義者たちが各界に入り込み、とくに教育界はGHQの指令に基づいて再教育が行われました。日教組が組織され、教育界を牛耳っていきました。

こうした左翼偏向教育、洗脳教育に最初の異議を唱えたのが、昭和30年、国会で追及された「うれうべき教科書問題」でした。中共やソ連を平和勢力と称して日本も社会主義国家をめざすべきだというような教科書内容でいいのか、と保守系からの最初の反撃でした。このことをきっかけに教科書検定ができたのです。次が昭和40年の「家永教科書裁判」です。教科書『新日本史』が文部省（当時、以下同）の検定で190ヵ所の修正意見が付けられ、条件付きで合格になると、執筆者の家永三郎氏が「検定は学問の自由を侵すものであり、憲法違反だ」として裁判に訴えた。最終的には家永氏の全面敗訴となりますが、これはきわどい戦いであったと思います。

これ（1982年の教科書問題と「近隣諸国条項」―筆者）に憤った識者が、日本人の誇りを喚起する日本史の教科書としてつくったのが、『新編日本史』でした。『最新日本史』の前身です。

さらに平成5年には、いわゆる従軍慰安婦問題が出てきて、河野洋平官房長官が不用意に河野談話を出して、謝罪してしまった。以来、教科書にも載るようになってしまった。こともあろうに青少年育成のための学校教育の現場に、「慰安婦」なる言葉が踊り出すとは、なんという非教育的な状況でしょうか。

（『日本の息吹』2012年8月号）

國武の発言には多くの間違いがあるが、ここでは以下の3点だけを指摘しておく。

「うれうべき教科書問題」というのは、民主党（当時、1955年11月に自由党と保守合同して自由民主党が誕生）が行った第一次教科書「偏向」攻撃である。國武は、「このことをきっかけに教科書検定ができた」といっているが、これは間違いである。教科書検定制度は1948年に発足している。

國武は、「最終的には家永氏の全面敗訴」といっているが、これも誤りである。家永教科書裁判第三次訴訟の最終判決である最高裁第三小法廷「大野判決」（1997年8月）は、争点8点のうち4点の検定を違法として、家永が50％勝訴している。

『新編日本史』発刊の経緯についても正確ではない。前述のように、『新編日本史』発刊当時、編集した日本を守る国民会議（日本会議の前身）は、この教科書の発刊目的を「昭和天皇在位60年の奉祝の記念行事」と「憲法改正の思想的潮流の形成」といっていた。『最新日本史』は、この程度の基礎的な知識もない元校長が編集長を務めているということである。

次に、渡部昇一の「東條・マッカーサー史観」なるものについて紹介する。まず、國武が『最新日本史』の検定で「マッカーサー証言」が削除された経過を語っている。

國武　東條内閣は外交によってできるだけ戦争回避を求めましたが、ハル・ノートによって開戦に追いこまれました。そこで『最新日本史』では大東亜戦争の頁の脚注にこう書いたんです。

「連合国軍の最高司令官マッカーサーは戦後、米国の上院において、『日本が戦争に飛び込んでいった動機は、大部分が安全保障の必要に迫られてのことだった』…と証言した」

…に原文を入れました。ところが検定意見が付いて、誤解のおそれのある表現だという。マッカーサーがどういう状況のもとで、どういうやりとりの中でこの発言をしたのかがわからないというので、次のように書き換えました。

「朝鮮戦争を体験した連合国軍の最高司令官マッカーサーは、解任後の昭和26年（1951）の米上院軍事外交合同委員会において、『日本が戦争に飛び込んでいった動機は、大部分が安全保障の必要に迫られてのことだった』と証言した」

脚注ですから精一杯の分量です。ところが、文部科学省は、朝鮮戦争後の対中国意識の中での発言でもあったろうし、なかなか政治的なこともあって難しい、などというわけです。これ以上いくらやり取りしても無駄だと思って残念ながら削除しました。

それからしばらくして、東京都が公立高校用の副読本のコラムで、このマッカーサー証言を取り上げました。副読本ですから、検定はないとはいえ、これは画期的なことだと思います。

渡部　私は歴史教科書問題はマッカーサー証言が広く認知されれば、すべて解決すると思っています。従軍慰安婦問題も日本が悪かったという発想から言っているわけですから、全部なくなります。

最初にその（マッカーサー証言―筆者）存在を知ったのは、松井石根大将の秘書だった田中正明さんから、「マッカーサーも帰国してから米議会で日本の侵略なんてことは否定していますよ」とお聞きしたことでした。（略）そのマッカーサー証言の原文（1951年5月4日付のニューヨークタイムズ―筆者）にはこうあります。「their purpose, therefore, in going to war was largely dictated by security」

（したがって、彼らが戦争を始めた目的は、主として安全保障上の必要に迫られてのことだったのです。）

therefore（したがって）とは何ぞや。その前のところで縷々理由を述べているんです。日本は資源小国でその供給を断ち切られたら云々と。それは東條首相の宣誓供述書と内容は同じです。私は東條首相の宣誓供述書を注釈つきで出版したことがありましたからよく知っているんです。だから私は、これを東條・マッカーサー史観と呼んでいいと思います。

このマッカーサー証言の意味するところは、我が国にとってとてつもなく大きい。

今でも国内外で「日本は侵略国だった」と宣伝されていますが、こう決めつけたのは、東京裁判からです。（略）東京裁判とは、その根拠はマッカーサーにしかなく、その当のマッカーサーが、アメリカ合衆国の上院の最も権威のある軍事外交合同委員会で、東京裁判の出した結論（＝日本は侵略国だった）とは反対（＝自衛のための戦いだった）の証言をしたのです。

東京裁判史観と全く反対のことを言っている東條・マッカーサー史観を世界に広めることは、この東京裁判から発している我が国への不当な言いがかりの根拠を突き崩すことにつながると思います。

（『日本の息吹』２０１２年８月号）

東京都教育委員会が編集・発行した『江戸から東京へ』の２０１２年度改訂版で追加した「コラム」には次のように書かれている。

「また、連合国最高司令官であったマッカーサーは、戦後のアメリカ議会において、日本が開戦したことについて、『in going to war was largely dictated by security』と証言しており、この戦争を日本が安全上の必要に迫られて起こしたととらえる意見もある」

また、育鵬社歴史教科書の検定申請本（白表紙本）の「コラム・東京裁判」には約半ページを使ってこのマッカーサー証言を載せていたが、検定で全文削除した。このコラムでは、渡部が言うところの「縷々述べている理由」を引用している。最後の部分は次のような内容である。

「『（略）したがって彼らが戦争に飛び込んでいった動機は、大部分が安全保障の必要に迫られてのことだったのです』（小堀桂一郎編『東響裁判日本の弁明』より抜粋）。

これは、東京裁判の方針が疑わしいものであったことを、裁判の中心人物だったマッカーサー自身が、図らずも示した証言といえるでしょう」

マッカーサー証言は、彼が自分の占領政策が正しかったことを主張するため、保身のために行ったものであり、証言内容は信頼できない、歴史資料としては使えないと研究者から指摘されているものである。そのために、育鵬社版でも明成社版でも文科省は検定で削除させたものといえる。

東條英機は宣誓供述書で「断じて日本は侵略戦争をしたのではない。自衛戦争をしたのである」「国家自衛のために起つという事がただ一つ残された途であった」と述べている。「東條・マッカーサー史観」とは、日本の戦争を侵略戦争ではなかった、自衛のための戦争だった主張するものである。こうした渡部らの主張について、アナクロだといって放置するのではなく、歴史研究者がきちんと批判することが重要だと思われる。都教委が『江戸から東京へ』にマッカーサー証言を入れたことで、インターネットでは、右派がこれを支持し紹介する情報がたくさん流されている。

なお、新しい歴史教科書をつくる会の自由社版中学校歴史教科書やそこから分裂した日本教育再生機構の育鵬社版中学校歴史教科書は、この日本会議の教科書発行の目的を中学校用として引き継ぐものであることは明らかである。

5　第5の野望「靖国神社問題」

「日本会議20年の歩み⑤」（『日本の息吹』２０１７年8月号）は「慰霊・顕彰　英霊に追悼と感謝の誠を」であり、ここでの小見出しは、「首相の靖國参拝の定着を求めて」「靖國神社を否定する『国立追悼施設構想』に反対」「偏向展示是正」「陛下の『慰霊の旅』を現地で奉迎」「映画・ＤＶＤの制作」「靖國神社参拝運動」である。

この見出しからもわかるように、日本会議の「運動と成果」（野望）の5番目は靖国神社問題である。１９８５年に中曽根康弘首相（当時）が「内閣総理大臣」として靖国神社を公式参拝した。これに中国をはじめアジア諸国から激しい批判が起こり、外交問題化した。中曽根は翌年から靖国神社参拝を中止した。

これに対して、１９８７年8月15日、日本会議の前身の「国民会議」と英霊にこたえる会が共催で、「靖國神社参道特設テントにて首相の靖國神社参拝を求める『戦没者追悼中央国民集会を開催』」した。この集会は毎年8月15日に靖国神社参道特設テントで開催されている（１９９７年以降は日本会議と英霊にこたえる会の共催）。「また全国津々浦々で、護国神社を中心に英霊への追悼と感謝の祭り、行事を行って」きた。

２００１年、靖国神社参拝を公約に掲げた小泉純一郎が首相になると、作家の阿川弘之らが発起人になり、日本会議などによって「小泉首相の靖國神社参拝を支持する国民の会」（代表・小堀桂一郎日本会議副会長）が結成された。小泉は首相在任の5年間、毎年靖国神社に参拝した。

次の安倍首相は第一次政権時代には靖国神社参拝は行わなかったが、第二次政権の2年目の２０１３年12月26日に靖国神社に参拝した。これに対しては中国・韓国などアジア諸国だけではなく、アメリカ政府からも批判された。それ以降は、自身は参拝しないで総裁補佐官を自分の名代として参拝させ榊を奉納しつづけている。

日本会議は小泉首相の靖国神社参拝は高く評価しながら、戦後56年の8月15日の「小泉談話」には二つの点で強く批判をしている。「小泉首相の参拝は評価されるものでしたが、一方で、首相談話（平成13年）に『植民地支配と侵略』との文言がある通り、その歴史観は東京裁判史観の色濃いものでした。さらに、小泉首相は同談話中で『内外の人々がわだかまりなく追悼の誠を捧げるにはどのようにすればよいか』と述べ、靖國神社とは別の国立追悼施設建設を示唆しました」。これを受けて政府が「追悼・平和祈念のための記念碑等施設の在り方を考える懇談会」（「追悼懇」）を発足させ、「この懇談会の議論が『謝罪と反省の施設』の方向へ進んでいることが明らかになったため」、日本会議は反対運動を展開した。

その理由は、「英霊は、『靖國で会おう』と言って散華されたわけですから、後世の者が靖國神社を蔑にすることは決して許されません。わが国においては、慰霊顕彰の中心施設は靖國神社以外にはあり得ないのです」ということである。「追悼懇」は2002年末に「建設推進の最終答申」を出したが、日本会議が〝お得意〟の「国立追悼施設に反対する国民集会」や国会議員の反対署名226名などの反対運動を行ったため、2004年1月に政府は建設を断念し、日本会議は「成果」をあげたとしている。

日本会議は「靖國神社参拝のもう一つの論点は、東京裁判史観の問題」だとして、「『A級戦犯』合祀が（首相の）参拝の障害」という主張を批判してきた。日本会議の主張は、「いわゆる『戦犯』は東京裁判を始めとして戦勝国側の復讐劇に他ならず、戦争行為の延長であり、よって、『昭和殉難者』として合祀されたのです。ましてや分祀などあり得ない」ということである。

この東京裁判史観批判は、日本の戦争を「聖戦」として、侵略戦争や加害を全否定する靖国史観そのものであるが、日本会議は、「全国各地の平和記念館にはこの東京裁判史観に強く影響された偏向展示が多く、これに対して、私たちは、各地でその是正活動を行って」きた。その具体例として、長崎の原爆資料館や大阪のピース大阪などの展示を是正させた「成果」を強調している。「偏向展示の是正」は、後述する第７回でも取り上げ、長崎の原爆資料館、ピース大阪に加えて、東京での「成果」が次のように語られている。「東京都で計画が持ち上がっていた東京都平和記念館の内容が偏向していることが判明。『平和記念館をただす市民の会』の運動により、計画を凍結に追い込みました」（この部分は『日本の息吹』２０１７年10月号）。

靖国神社問題では、日本会議は、敗戦（終戦）60年の２００５年に「靖國神社20万人参拝運動を展開」した。８月５日の「産経新聞」、「読売新聞」に全面意見広告を出し、「８月15日、終戦60年。靖国神社に集まろう」と呼びかけた。意見広告の発起人には津川雅彦、浜畑賢吉、橋幸夫、加藤芳郎、小林よしのり、戸倉俊一、船村徹ら日本会議文化人、マスコミ関係者が並んでいた。この年の８月15日には靖国神社参道の特設テントで「終戦60年国民の集い」を開催し、「靖國神社は20万５千人の参拝者であふれました」と述べている（『日本の息吹』２０１７年８月号）。

６　第６の野望「皇室崇拝と復古的天皇制の復活」

「日本会議20年の歩み⑥　皇室」（『日本の息吹』２０１７年９月号）の小見出しは、「奉迎、奉祝活動」「御在位、御即位の奉祝活動」「皇室の伝統を守る国民の会」である。日本会議は「我が国は世界最古の君主国です。二番目に古いデンマークや三番目のイギリスの王室が約千年の伝統なのに対して、皇室は２千年以上の歴史を有します。しかも、神話に由来する皇統は初代神武天皇より万世一系で受け継がれて今上陛下は第１２５代です」と述べている。

「日本会議では、前身の日本を守る会、日本を守る国民会議の頃より、天皇、皇室への日本国民本来の敬愛の念を喚起するため、奉祝、奉迎活動を行ってきました」として、植樹祭など天皇の各地訪問の奉迎、「皇室の御慶事に際して」の奉祝を行ってきた。それは、１９７５年の「昭和50年を祝う国民の集い」（日本武道館）、１９７６年の「天皇在位50年奉祝パレード」「昭和天皇御在位60年、今上天皇御即位、御在位10年、御即位20年の節目に際し」奉祝行事を行ってきた（『日本会議の全貌』参照）。

こうした奉祝・奉迎の活動と共に、あるいはそれ以上に日本会議が力を入れてきたのは「皇室の伝統を守る」活動である。２００５年11月、小泉首相の私的諮問機関「皇室典範に関する有識者会議」が女性天皇・女系天皇の導入を柱とする皇室典範改定を提言した。これに対して、日本会議と「日本会議議連」がすぐに反対を表明した。「日本会議議連」は「勉強会を精力的に開催して、国会議員の中に反対の声を広げ」「日本会議でも国会陳情活動を繰り広げ、平成18年2月には『皇室典範の拙速な改定に反対する緊急集会』を開催、反対の国会議員署名を公表」した。２００６年3月、「皇室の伝統を守る1万人大会」（日本武道館）を開催し、「皇室の伝統を守る国民の会」（会長・三好達日本会議会長）を結成した。こうした日本会議などの活動や「平成18年2月7日、秋篠宮妃殿下のご懐妊が発表され、政府の皇室典範改定の動きはトーンダウン」した。そして、２００６年9月に「（第1次）安倍政権が発足し、安倍総理は従来の方針の白紙撤回を表明しました」。

ところが、２００９年の総選挙で民主党政権が誕生し、２０１２年10月、「野田内閣が『女性宮家』創設を柱とした『論点整理』を公表。これに対し、「皇室の伝統を守る国民の会」では、その問題点を指摘した『見解』を発表し、反対活動を推進」した。同年12月に発足した第二次安倍政権は「白紙撤回を表明」し、この問題も日本会議の主張通りに決着した（『日本の息吹』２０１７年9月）。

7　第7の野望「戦後レジームからの脱却で歴史をとりもどす」

「日本会議20年の歩み⑦　歴史　自分達の物語を取り戻せ―東京裁判史観からの脱却を目指して」（『日本の息吹』２０１７年10月号）の小見出しは、「『日本人の物語』を奪った、東京裁判史観」「〝外圧検定〟を受けた『新編日本史』」「アジア共生の祭典」「国際広報委員会が世界に発信」「偏向展示を是正」である。

ここで日本会議は歴史問題について、「歴史」は憲法や教育、防衛（領土）、慰霊に共通する、それらの根底にある問題であるとして、次のような主張を展開している。

本連載の「慰霊」「教育」のみならず、「憲法」「防衛」など戦後日本の諸問題の根底にあるのが、いわゆる自虐史観です。

自虐史観を日本人に植え付けたのは、日本を「侵略国家」と決めつけた極東国際軍事裁判（東京裁判）とWGIP（War Guilt Information Program）を始めとする占領政策、そしてそれを自分たちの「敗戦革命」に利用しようとしたコミンテルンに連なる左翼たちでした。（略）

占領が終わって65年経った今日でもこの空間（「閉ざされた言語空間」（江藤淳））が存在しているのは、主要メディアをはじめ公的機関で、「大東亜戦争」という歴史的に正当な名称が事実上排除されていることからもわかります。

その結果、私達は自分たちの歴史を奪われてしまった。私達の運動は失われた自分たちの歴史を取り戻すためです。それは即ち、アメリカでもロシアでも中国でも韓国でもない、自分達の物語、日本人の物語を取り戻す戦いです。

私たちは、日本の侵略戦争・加害の事実を認める歴史認識を「東京裁判史観」とは考えていない。これは、多くの歴史学者や、事実を率直に認め、侵略戦争の反省の上につくられた日本国憲法の理念に基づいて平和や人権、民主主義がいきる社会・国をめざしている多くの市民たちの共通の認識だと思う。しかし、日本会議などは、こうした歴史認識を「東京裁判史観」のレッテルによって排除し、「自分達の物語、日本人の物語」として侵略・加害否定の歴史を国民に広め定着させようとしているのである。

日本会議などがいう、「自分達の物語」「日本人の物語」としての歴史は、一言でいえば「靖国史観」（渡部昇一の「東條・マッカーサー史観」）と呼ばれるものであり、靖国神社の遊就館の展示にあるような、日本の戦争は侵略戦争ではなくアジアを解放する聖戦だった。朝鮮や台湾に対する植民地支配や「満州国の建国」と支配などは、悪いことではなく評価・感謝されるべきことである。さらに、南京大虐殺や日本軍「慰安婦」、住民虐殺など、この戦争の中でアジア諸国の人々に対し行ったとされる加害はすべて東京裁判などででっち上げられたものであり、事実ではない。「英霊」として祀られる「立派な日本人」がそのような蛮行をするはずがない、という歴史・歴史認識である。さらにいえば、日本（人）の歴史を、万世一系の天皇を中心とする「神の国」の歴史であるとする、つまり戦前の皇国史観の復活を目指すものといえる。

日本会議は、前身の「国民会議」時代から東京裁判史観・自虐史観とのたたかいに取り組んできたと主張する。80年代と90年代に藤尾正行文部大臣、奥野誠亮国土庁長官、永野茂門法務大臣、江藤隆美総務大臣などが「東京裁判史観とは違った歴史観をほんの少し言及しただけで辞任または更迭に追い込まれることが頻繁におき」、日本会議は政府に抗議して、これら「理不尽な退任に追い込まれた方々を応援する活動を行」った。

「そしてこの歴史観をめぐる最初の大きな戦い」として紹介しているのが、前述の高校歴史教科書『新編日本史』発刊の経緯である。日本会議は、1982年の外交問題化した教科書問題を、「マスコミの誤報」が原因だと事実を歪め、この教科書外交問題を解決した政府を、「鈴木（善幸）内閣の謝罪外交、その結果としての宮沢（喜一）官房長官談話、そしてこれを固定化する『近隣諸国条項』という負の遺産ができてしま」った、と主張している。この主張が、日本会議の事実を歪めた思い込み、勝手な解釈だということは、筆者はすでに20年前に論破している（拙著『教科書攻撃の深層――「慰安婦」問題と「自由主義史観」の詐術』学習の友社刊参照）。

日本会議は続けてこう主張している。「これらに抗議する活動の中で、既存の教科書の偏向を批判するだけではだめだという意見が出され、保守の教科書を自分たちの手で世に出そうとなったのです（これも「つくる会」教科書誕生の時と同じ言説である）。こうして初めての保守系の高校日本史教科書『新編日本史』（現『最新日本史』）が文部省（現、文科省）の検定を受けることになりました」。

この『新編日本史』の検定経過を「大幅な修正要求」「中国の内政干渉に屈した外務省の圧力」「外圧検定」などと批判し、「国民会議」は「断固として戦いました。このように『新編日本史』は難産でしたが、今に至るまで30年以上にわたり、全国各地の高校で採択され、学ばれているのです」。

『新編日本史』は1986年当時、中国などアジア諸国からだけでなく、国内においても「天皇の教科書」「復古調教科書」などとマスコミなどでも大きく批判されていた。この経過については、子どもと教科書全国ネット21編『危ない教科書高校版　徹底批判「最新日本史」』（学習の友社刊）収録の拙著を参照されたい。

また、『新編日本史』、『最新日本史』採択の状況は前述のとおりである。

次に「アジア共生の祭典」では、1995年の「終戦50年」国会決議問題（日本会議は「国会謝罪決議阻止の活動」と表現）や細川護熙首相の「侵略発言」（1993年）などで「歴史認識論争が活発化した」（『日本会議の全貌』32～34ページ参照）ことを述べ、「大東亜戦争史観の一つ、東亜解放の理想について、アジアの声を結集した『アジア共生の祭典』と2本の映画（ビデオ・ＤＶＤ）について記し」ている。前者はかつての「大東亜共栄圏」をめざして、占領地のカイライなどを集めて開催した「大東亜会議」（１９４３年11月）を彷彿させるもので、「インド、東南アジア（インドネシア、マレーシア、タイ）など14ヵ国の要人を迎え、アジア解放に命を捧げた（侵略戦争の戦死者をこのように美化している）全戦没者を追悼し、感謝のまことを捧げることを趣旨として開催され、１万人が日本武道館に結集し」た。後者は、映画『独立アジアの光』『自由アジアの栄光』である。

次に、彼らの「大東亜戦争史観」「靖国史観」を世界に広めるために、日本会議結成１年半後の１９９９年目に「国際広報委員会」（座長・竹本忠雄）を設置し、同委員会は南京大虐殺を否定する「日英バイリンガルで『再審「南京大虐殺」』を発刊し、米国・アジア各国の政府要人、研究機関などに配布し」た。その後も歴史わい曲図書を積極的に発刊し「慰安婦」問題などでも「国際広報」活動に取り組み、「今日いわれる〝歴史戦〟の先駆けであり、『慰安婦裁判』闘争などにつながって」いる。

この項の最後に取り上げている「偏向展示の是正」は前述の部分（46ページ）を参照されたい（『日本の息吹』２０１７年10月号）。

8　第8の野望「女性の組織化と男女共同参画の否定」

「日本会議20年の歩み⑧　女性　家族の絆を守るために、夫婦別姓法案に反対」（『日本の息吹』２０１７年11月号）では、近年日本会議が大きく力を入れている女性の「草の根運動」を担う「日本女性の会」の活動を取り上げている。２００１年９月、「女性も元気に国づくり・人づくり」をスローガンに「日本女性の会」（会長・安西愛子日本会議副会長）が発足した。この発足集会には「日本の家族を守ろう、夫婦別姓法制化に反対しよう」を旗印に全国から1000人が集まった（主催者発表）。この日本女性の会は、夫婦別姓法案反対運動を通じて組織を拡大し、現在は前述のように39都道府県に46支部がつくられている。数年前からは、日本会議の改憲運動を担う重要組織として、各地で「女性が集まる憲法おしゃべりカフェ」を「精力的」に開催している。また、安倍9条改憲を地域で推進する美しい日本の憲法をつくる国民の会の1000万賛同署名や「ありがとう自衛隊キャンペーン」でも役割を発揮している。拙著前作の『日本会議の全貌』でもこの活動は紹介しているが、ここでまとめてこの会の組織と活動を取り上げることにする。

『日本の息吹』のこの「女性」の回の小見出しは、「夫婦別姓法案への危機感が契機となって誕生した『日本女性の会』」の一つだけである。ここからの抜粋・引用で日本会議が語る同会の組織と運動を紹介することにする。

「夫婦別姓の論議は、平成3年に法務省が『別姓導入ありき』法制審議会の答申を出した頃から始まり」「平成8年には、同審議会が『民法の一部を改正する法律案要綱』を答申して導入の意思が明確になりました」「法務省の提案した『選択的夫婦別姓制度』は、家族の姓を同姓か別姓か、自由に選択できるというもの。推進派は、『別姓は世界の潮流』などと主張しますが、そんな国はスウェーデンくらいのもの。つまり、別姓導入は世界の潮流に逆行しているのです」。

「夫婦別姓はスウェーデンくらいで別姓導入は世界の潮流に逆行している」というのは事実ではなく、「白を黒」と主張するご都合主義である。アジアも含めて世界の多くの国や地域では広く夫婦別姓が採用されている。だから、2016年3月7日に国連から、民法の夫婦同姓規定は差別的なので速やかに改正するよう次のように勧告されたのである。

「国連の女性差別撤廃委員会が7日公表した対日審査会合に関する『最終見解』は、慰安婦問題だけでなく、女性に関するさまざまな問題を取り上げた。夫婦同姓や女性の再婚禁止期間などの民法規定については、差別的だとして速やかな改正を勧告した。

委員会は前回の2009年の会合でも、同様の改正を求める勧告を出した。一方、委員会は昨年成立した「女性活躍推進法」など前進もみられると指摘した。

最高裁は昨年12月に夫婦別姓を禁じた民法規定を『合憲』と判断したが、7日の勧告は『女性に夫の姓を強制している』としてあらためて改正を求めた。

女性にだけ6カ月の再婚禁止期間を定めた民法規定については、最高裁が昨年12月に『禁止期間が100日を超える部分は違憲』と初判断したが、勧告は完全な廃止を求めた。（共同）」（2016年3月8日）

さらに、「家族が崩壊する」と日本会議を焦らせたのは、「男女共同参画基本法」が成立したことである。日本会議は次のように言う。

「平成11年、『男女共同参画基本法』が成立し、13年には内閣府に男女共同参画局が設置され、全国の自治体に男女共同参画センターができていきました。これらは、男女や夫婦を対立関係で捉える思想が内包されており、別姓導入に拍車をかけるものでした」

そこで、前述のように日本会議は2001年9月に日本女性の会を立ち上げて反対運動の中心組織に位置づけて活動した。「女性の会は設立直後から議員陳情、激励、そして別姓反対の署名活動に精力的に取り組みました」。「平成14年4月、法案提出目前の緊迫した状況となり、日本女性の会主催で『夫婦別姓導入反対の緊急集会』（400人、主催者発表）を開催」した。「その1週間後には、日本会議主催で『夫婦別姓に反対する国民の集い』が1千名を集めて開催されました。180万筆の反対署名を自民党をはじめ保守系の国会議員に手交し、国会上程は阻止できました」。

しかし、これで決着したわけではなく、この問題は2009年の総選挙での自民党の敗北、民主党の鳩山由紀夫連立政権の誕生で再燃することになる。「平成21年には、民主党鳩山政権となり、（夫婦別姓）推進派の急先鋒、千葉（景子）法相、福島（みずほ）少子化担当大臣が入閣し、別姓導入を含む民法改正案の国会提出の動きが急浮上し、平成22年3月には、閣議決定されかねない状況となりました。ブラジルに滞在していた小野田町枝会長（第2代会長）は、急遽帰国し、3月3日の雛祭りに、日本女性の会主催で別姓反対の集会を緊急で決行。竹田恒泰氏の講演に続き、高市早苗、山谷えり子、西川京子（前）、稲田朋美の各議員（有村治子議員はメッセージ）から法案阻止への力強い提言がなされました。／その2週間後には、全国から5000名を結集して、『夫婦別姓に反対し家族の絆を守る国民大会』（東京ビッグサイト）が開催されました。壇上には252万筆の別姓法案反対の署名用紙がうずたかく積み上げられました。市田ひろみ、小野田町枝、桂由美、工藤美代子、櫻井よし子、長谷川三千子の各氏が呼びかけ人になり、石原都知事、上田埼玉県知事、森田千葉県知事など自治体の首長からの賛同もありました」。

以上のように、日本会議の女性部である日本女性の会は夫婦別姓反対、男女共同参画反対の運動を通じて組織を拡大してきた。2006年に安西愛子に代わって会長になった小野田町枝（故・小野田寛郎夫人）は2007年に「全国行脚」を行い、47都道府県全てで講演会を開催して組織拡大を図った。こうした活動のほか、「皇室の御慶事の奉祝の集い、自衛隊や米軍への感謝激励の活動、『憲法おしゃべりカフェ』開催など、日本女性の会（志摩淑子会長代行）は女性の立場から活動を展開」している。なお、小野田がブラジル在住のため、会長代行を志摩淑子が務めているが、志摩は朝日ニュース社社長で日本会議代表委員である。「憲法おしゃべりカフェ」は、2017年12月に1085会場3万8000名参加を達成したと『日本の息吹』（2018年3月号）で報じている。

日本会議は、2015年12月の最高裁判決を「家族重視の画期的判決」などと評価して、夫婦別姓を阻止してきたことを彼らの運動の成果だとしている。

しかし、「夫婦別姓が家族を解体する」などという旧民法的家族制度復活をめざす主張と運動は、この最高裁判決で決着したわけでもない。２０１８年1月9日、「選択的夫婦別姓制度」を求めて、ソフトウエア開発会社「サイボウズ」の青野慶久社長ら男女４人が国を相手取って東京地裁に提訴した。選択的夫婦別姓とは、結婚後に夫婦が同じ姓になるか、それぞれの姓を名乗り続けるかを選べる制度である。原告の青野は結婚して妻の姓に変更して仕事では旧姓を使っているが、経済的な損失も大きく精神的苦痛を受けたとしている。原告側は、「日本人同士の結婚では戸籍法でケアされず、同姓しか認めないのは不合理」だとして、法の下の平等を定めた憲法14条や、家族生活における個人の尊厳と両性の本質的平等を定めた同24条に違反するとしている。提訴に先立って、選択的夫婦別姓制度の実現を求めるインターネット署名を1月4日から開始したところ、わずか5日間で1万８０００人を突破したという。青野は記者会見で「今回の提訴は、２年前の最高裁判決で悔しい思いをした方々など（選択的夫婦別姓を求める）数十年間の積み上げられた思いにつながっています」と語った。

また、２０１８年3月14日、東京と広島で事実婚の４組の夫婦が「夫婦別姓を認めない民法の規定で事実婚を強いられ、憲法が定める信条の自由や婚姻の自由を侵害された」「同姓強制は差別」「別姓の婚姻届を認めよ」と提訴した。さらに、２０１７年9月から裁判関係文書に旧姓使用が認められ、２０１８年1月に最高裁判事に就任した宮崎裕子裁判官は旧姓を使用して判決を書くと宣言した。

内閣府の世論調査（２０１８年2月公表）によると、「選択的夫婦別姓の法改正」に「賛成」が42・5%、「反対」29・3%となっている。さらに、「別姓でも家族の一体感（きずな）に影響がないと思う」と答えた人は64・3%である。夫婦別姓に反対する日本会議と夫婦別姓を支持する市民の認識の差は大きく、日本会議は時代遅れであることを示している。

夫婦別姓問題はその実現を阻止しようとする日本会議及び「日本会議議連」や自民党・公明党政府と、憲法上の権利として制度の実現を求める市民との間で、たたかいが続くことになる。

9　第9の野望「国家主権の回復、国家意識の醸成」

「日本会議20年の歩み⑨」(『日本の息吹』２０１７年12月号)は、「時局問題　国家主権をとりもどし、健全な国家意識を育てよう」である。日本会議は前身の「国民会議」時代から様々な「時局問題」にも取り組んできた。この9回目はそれをまとめて取り上げている。「時局問題」取り組みの意義について最初の小見出し「『獅子身中の虫』とのたたかい」の中で、黛敏郎の言葉を引用して次のように主張している。

日本会議の前身のひとつ、日本を守る国民会議の議長だった黛敏郎氏は、生前最後の総会(平成9年3月20日)の基調講演で、次のような話をされました。《尖閣や竹島の問題は、国家主権が侵犯された問題だ。これに加えて、冷戦終結後、新たな国難が惹起している。「従軍慰安婦」問題、夫婦別姓問題、外国人参政権問題などだ。我々は、これらを画策している「獅子身中の虫」と戦っていかなければならない。そして、国民の声を糾合して、正しい国民世論を打ち立てるべきだ》(『日本の息吹』平成9年5月号に全文掲載)

この講演から2か月余り後に、日本会議は設立されました。
つまり、日本会議は設立当初から、新しい国難に対応すべく、「獅子身中の虫」とのたたかいを宿命づけられていたのです。本誌のインタビューで、三好達日本会議名誉会長が言及されているように、それはまるでモグラ叩きのごとき戦いでありました。そして今日まで辛うじてこれらの画策を食い止めてきました。

以上のように主張して、「モグラ叩き」のようにやってきた「時局問題」の戦いについて、「歩み⑧」で取り上げた「夫婦別姓問題」「『慰安婦』問題」「外国人参政権問題」「人権擁護法案」「被拉致者救済問題」「菅首相の『日韓併合百年』談話に対する批判声明」「天皇陛下ご会見の政治利用を糾弾する緊急国民集会」など「諸課題」の取り組みをあげている。

「慰安婦」問題は「歴史戦の一つである」として、「河野談話の検証」「教科書記述の是正」「朝日グレンデール訴訟などに取り組んできた」とし、「先人に対する濡れ衣は何としてでも晴らさなければなりません」と主張している。

しかし、日本軍「慰安婦」問題は、決して「濡れ衣」などではなく、多くの被害者による証言（「オーラルヒストリー」）の存在する、旧日本軍と政府が犯した重大な女性に対する人権侵害、戦争犯罪である。このことは日本の最高裁までの裁判所の判決でも歴史的事実として証明されている。また、国連の人権理事会をはじめとした各種の委員会でも事実として認定され、日本政府に勧告が出されている。これを否定するのは日本会議の歴史認識が靖国史観そのものであり、国際社会では通用しないということを明らかにしている。

外国人参政権に反対する理由について、これは「国防の観点からも問題」だとして「小さな自治体（例えば離島）に、ある意図をもった外国人の集団が大量に移住して、もともとの日本人住民の数を上回るようなことになった場合、参政権を与えたら、自治体が外国人に乗っ取られる事態もあり得ます」などと主張している。偏狭なナショナリズムによって危機意識を煽るためにする議論である。

「天皇陛下ご会見の政治利用」というのは、２００９年12月に中国の習近平副主席（当時）が来日した時に、天皇と会見した問題である。日本会議は、「これは中国のごり押しとこれに屈した民主党政権が『１か月ルール』（「外国人要人が（天皇と）ご会見を希望するときは、１か月前までに申請する原則」）を破って特例をつくった」として、「天皇の政治利用」だと糾弾した。

三好達は前記『日本の息吹』のインタビューで、この「モグラ叩き」を振り返って次のように主張している。

モグラ叩きに終わらないで、何とか日本会議が目的を遂げたのは教育基本法の改正でした。日本会議の力だけではなく、多くの方々のご尽力の賜物でありますが、この教育基本法の改正こそ、日本会議20年の歴史においても最大の成果の一つといえるのではないでしょうか。（略）

与党案に対して、「国を愛する態度」という表現を「国を愛する心」に改めるなど、三点の修正要求をしました。伊吹文科大臣から「国を愛する心と態度は一体となって涵養されてくる」などのご答弁を頂き、こちら側の主張に沿うような解釈が確定したことは大きかった。教育基本法改正はよくぞ成し遂げたと感慨深い。あのとき成し遂げていなければ、その後、ほどなくして民主党政権になりましたから、改正はなかなか実現しなかったでありましょう。（略）

留意すべきは、モグラ叩きで潰してきたが、完全に潰したものはないということ。将来、例えば立憲民主党もしくはそれを中心とする勢力が力を得たときに、おそらく又いろいろな問題がぶり返してくるでしょう。（略）

日本会議の目指すところは、「誇りある国づくり」であり、そこを目指して国民運動を展開しています。20周年を迎えた日本会議は、今後さらに大きく発展していってほしい…（略）…、他方で、存在感が増すほど、外部からの風当たりもますます強くなっていくでしょう。日本会議はこれら難しい問題を克服していかねばなりません。なぜなら日本会議こそ、日本を立ち直らせる国民運動の中核組織だからです。（略）

国民から誇りある国の自覚を失わせ、気概を喪失させてきた元凶は憲法です。現行憲法の何処を見ても、我が国の誇るべき国柄、歴史、伝統を記述した文言はありませんし、祖国興隆の気概を持たせようとする文言もありません。

（『日本の息吹』２０１７年12月号）

長い引用になったが、２００１年から16年間近く極右組織・日本会議に会長を務めてきた元最高裁長官の三好達が語る、日本会議のこれまでの運動とこれからの課題である。三好は「国民運動の中核組織」である日本会議こそが憲法「改正」をけん引する組織だとの思いを強くにじませて語っていた。

日本会議・「国民の会」が「憲法改正１０００万賛同署名」を達成

日本会議・美しい日本の憲法をつくる国民の会（「国民の会」）が２０１４年10月から取り組んできた「憲法改正１０００万賛同署名」は、２０１８年２月に１０００万名を達成した。日本会議は２０１８年３月14日、「１０００万人達成！憲法改正の国会発議を！中央大会」を開催し、「自衛隊明記と緊急事態条項新設を求める決議」を採択した。大会には、「衆参国会議員71名（本人45名、代理26名）をはじめ、８００名が参加した」（日本会議ＨＰ）。

以下、その中央大会の様子を紹介する。

「与党から自民党、公明党、野党から希望の党、日本維新の会の各代表が登壇し、その改憲に向けた志を後押しする1千万賛同者目標達成を祝福する声が相次ぎ、いよいよ国会発議に向け、具体的な改憲案を審議する時が来た期待感を大きくするものとなった」

大会では、櫻井よしこ「国民の会」共同代表が基調提言、打田文博同事務総長が次のような「平成30年度の国民運動方針」を発表した。

1、「国民の会」設立から3年半の国民運動の成果

①1000万賛同者拡大運動……1001万8221名

②地方議会決議……36都府県（76%）

③国会議員署名……376名（※2018年2月28日現在）

2、「平成30年度国民運動方針」

1．憲法改正原案の国会提出に向けた議論が具体化する中で、国会発議の優先順位として、国家国民にとって重要課題である次の2項目に関する憲法改正原案を取りまとめ、年内の発議を目指して、国会に提出するよう、各党・国会議員に要望する。

（1）国民の9割が支持する「自衛隊」の根拠規定を憲法に明記する。

（2）大規模災害に際し、国民の生命と安全を守る緊急事態条項を憲法に新設する。

2．1000万賛同達成を踏まえ、「国民投票」での過半数の賛成を目指して、全国で幅広い啓発運動を推進する。

（1）憲法施行71年の憲法記念日（5月3日）に合わせ、都道府県・市町村で全国一斉の憲法改正行事を開催する。

（2）都道府県・市町村や各団体での憲法研修会を開催し、我が国の平和と独立を守り、①国民の安全を確保するための憲法改正に関する国民的議論を活性化する。そのため、以下の啓発事業を推進する。

②自衛隊の活動を紹介する新作DVDの上映・普及活動を展開する。

憲法情報を発信するインターネット「改憲チャンネル」を充実し、動画配信によるタイムリーな情報提供を行う。

③啓発チラシ・ポスター「ありがとう自衛隊」の配布・掲示運動を全国で展開し、国民世論の形成に総力を結集する。

（3）幅広い国民の理解を促進するため、女性や青年を対象とした啓発活動を全国で推進する。

3．国会発議後の国民投票周知期間には、広報啓発活動を各都道府県・市町村で展開し、1000万賛同者を基盤にさらに拡大して、過半数の賛成投票を目指す。

4．全国289の小選挙区に「国民投票連絡会議」を設立し、来るべき国民投票における過半数の賛成投票を目指す。

（『日本の息吹』東京都版5月号、2018年4月20日）

「4」の「小選挙区国民投票連絡会議」は、2018年2月から各地で設立が進められている。例えば、「東京都11区小選挙区国民投票連絡会議」は2月1日に準備会、3月1日に発会式を行い、「東京都第5・6区小選挙区国民投票連絡会議」は2月25日に準備会、4月22日に発会式を行っている。

「自民党憲法改正推進本部顧問の古屋圭司衆議院議員からは、自民党憲法改正推進本部の中で、とくに4項目に関する議論が進められていることに触れ《党としての考えをしっかりとまとめ、憲法審査会の審議を前進させたい》と述べた。

同じ与党の公明党からは斉藤鉄夫幹事長代理が登壇。いわゆる「加憲」の立場を明らかにした上で、自衛隊に関しては次のエピソードを紹介し、党内でしっかり議論していくことを述べた。《テレビ討論で、ある政党の方が憲法を大事にせよ、立憲主義の立場に立てと言いつつ、自衛隊は憲法違反だと言う。そこで、私は『あなたの党が政権を取ったら自衛隊をどうするのですか』と質問すると、『当面活用する』との回答でした。私はそういう姿勢こそ憲法をないがしろにし、立憲主義とかけ離れた姿勢ではないか、と指摘しました》。

野党からはまず希望の党の松沢成文参議院議員団代表が登壇。個人の意見としながらも、《日本国憲法の最大の欠陥は、国家の防衛、国家の緊急事態に対処する条項が全くないということ》《独立国家として自衛権はある。それを担保するために自衛隊を置く。その自衛隊はシビリアンコントロールのもとに置くという3点については必ず憲法の中に入れていくべきだ》《国家緊急事態の本質は、あくまでも行政の権限を緊急事態において一時的に強化できるということ、緊急事態を脱出するために一時的には私権の制限もあり得るということ。これも含めて、しっかりと書いていかなければならない》と述べた。

最後に日本維新の会の馬場伸幸幹事長が登壇。冒頭、党所属の国会議員全員が賛同署名をしており、1千万署名集めにも協力したことが述べられ、同党提案の教育無償化、統治機構改革、憲法裁判所設置の3つの憲法改正項目について説明がなされ、9条の改正案が憲法審査会に提出されれば、積極的に議論に加わりたい旨表明がなされた。

続いて、国会発議、国民投票への提言が、田久保忠衛共同代表、松尾新吾「福岡県民の会」共同代表（九州経済連合会名誉会長＝筆者）、濱野夕希子氏（NIPPON憲法PROJECT in OSAKA）の3名からなされた。

濱野氏からは、東京で発足した青年向けのNIPPON憲法PROJECTの大阪版を展開中で、憲法に関心の薄い若い世代にも問題意識が浸透していくよう工夫している活動の様子が報告された」（『日本の息吹』2018年5月号）

「最後に、有村治子参議院議員の先導で、憲法改正国民投票の勝利に向けて参加者全員立ち上がり、高らかに勝ちどきをあげました」（日本会議HPより）

９条への自衛隊明記と緊急事態条項導入の大宣伝

以上のように、日本会議は安倍９条改憲と連動させて、当面の改憲の重点を「憲法９条への自衛隊の明記」「緊急事態条項の新設」にしぼって、そのための大宣伝、学習活動を展開している。前述の「ありがとう自衛隊キャンペーン」もその重要な一つである。

そして、以前から出版していた『憲法９条Ｑ＆Ａ』『憲法改正の論点Ｑ＆Ａ』（民間憲法臨調〔櫻井よしこ代表〕編）、『女子の集まる憲法おしゃべりカフェ・文章版』に加えて、『緊急事態条項Ｑ＆Ａ』（百地章著）、『えほん　自衛隊ってなあに?』、『自衛隊を国防軍にする理由――憲法改正へ！今こそ知りたい自衛隊Ｑ＆Ａ』（元陸将・松島悠佐著）、『ＣＤ　ありがとう、じえいたいさん』（歌／山口采希）（すべて日本会議の出版部である明成社刊）の８冊をセットにしたチラシを作って販売している。さらに、ブックレット『マンガ聖子と明美の憲法トーク「自衛隊明記」考えてみた』（鈴木よしみつ著、明成社）を発刊して、10冊以上や１００冊以上の場合は値引きするなど、「まとめ買い」を勧めるキャンペーンも展開している。

第20回公開憲法フォーラム

２０１８年5月1日、改憲派国会議員でつくる新憲法制定議員同盟（会長・中曽根康弘元首相、「改憲同盟」）は「新しい憲法を制定する推進大会」を開催した。海外出張中の安倍晋三首相は次のようなメッセージを寄せた。

「いよいよ憲法改正に取り組むときが来た。本大会を契機にして、合意形成が一層進展することを期待する」。自衛隊の存在を明記する改憲に関して、「平和主義の基本理念は変わることはないが、（自衛隊の）違憲論争に終止符を打つことは今を生きる私たちの責務だ」。

5月27日に１００歳になる中曽根会長は出席を取りやめ、「われわれが目指す憲法とは国の未来を切り開く英知だ。一貫して憲法改正を訴えてきた者として一日も早い実現を望む」というメッセージを寄せた（『毎日新聞』２０１８年5月2日）。

「大会には与党と、改憲に前向きな野党の担当者が出席」した。自民党の細田博之憲法改正推進本部長、公明党の斉藤鉄夫幹事長代行、希望の党の松沢弘文参院議員団代表、日本維新の会の馬場伸幸幹事長らである（この部分は『信濃毎日新聞』２０１８年5月2日）。

大会では、日本会議会長の田久保忠衛が記念講演を行った。

日本会議のフロント組織の民間憲法臨調と美しい日本の憲法をつくる国民の会は、２０１８年5月3日、例年と同様に共催で「第20回公開憲法フォーラム」を「今こそ、憲法改正の国会発議を！」と題して開催した。新憲法制定議員同盟がはじめて後援し、同盟会長の中曽根康弘元首相がメッセージを寄せた。「改憲同盟」の改憲推進大会で田久保忠衛日本会議会長が講演したこととあわせて、日本会議と「改憲同盟」とが連携を強めて今年中の改憲発議に向けて突き進もうとしているといえよう。

「早期の国民投票の実現に向けた各界からの提言」「憲法改正に賛同する各党からの方針提起」を主要な内容とする今年のフォーラムの意義について、案内文で次のように述べている。

「昨年10月の衆議院総選挙において、再び憲法改正に前向きな勢力が国会の3分の2を超えたのを受け、衆参憲法審査会が再開され、自民党が早期の改憲案の取りまとめを目指しているのをはじめ、各党もそれぞれ具体的な検討を開始した。

そこで今回の憲法フォーラムは、憲法改正論議が具体化、本格化してきているなかで、各界、各党代表から意見表明をいただき、憲法改正案の本年中の国会発議を提唱する大会として開催します」

意見発表者（メッセージ発表を含む）は次の人たちである（肩書は同案内文による）。

櫻井よしこ（ジャーナリスト・主催者代表）、中曽根康弘（新憲法制定議員同盟会長）、細田博之（自民党憲法改正推進本部長）、遠山清彦（公明党憲法調査会事務局長）、浅田均（日本維新の会政調会長）、中山恭子（希望の党・参議院議員）、田久保忠衛（杏林大学名誉教授）、井上隆（日本経済団体連合会常務理事）、落合清四（富士社会教育センター理事長）、佐竹敬久（秋田県知事）、渡康嘉（日本青年会議所副会頭）、西修（駒澤大学名誉教授）、打田文博（美しい日本の憲法をつくる国民の会事務総長）、我那覇真子（ジャーナリスト）、半井小絵（気象予報士）、司会＝細川珠生（政治ジャーナリスト）。中曽根元首相はメッセージということである。

２０１７年の「憲法フォーラム」へのビデオメッセージで「9条1項、２項はそのままで憲法に自衛隊を書き込む」ことを打ち上げた安倍晋三首相が、今年もビデオメッセージを寄せるために4月26日に収録を終えた。当日発表されたビデオメッセージで、憲法への自衛隊明記は「（自衛隊の）正当性が明確化される。改憲の十分な理由になる」「いよいよ私たちが改憲に取り組む時が来た」と改憲へ異常な執念を示した。メッセージ全文は次の通りである。

みなさん、こんにちは。自由民主党総裁の安倍晋三です。

このたび、「第20回公開憲法フォーラム」が盛大に開催されましたことに、まずもっておよろこびを申し上げます。改めて、憲法改正の早期実現に向けて、それぞれのお立場で精力的に活動されている皆さまに心から敬意を表します。

憲法はこの国のかたち、理想の姿を示すものです。21世紀の日本の理想の姿を私たち自身の手で描くという精神こそ、日本の未来を切り開いていくことにつながっていくと信じております。

言うまでもなく、現行憲法の「平和主義」、「国民主権」、そして「基本的人権の尊重」の基本原理が揺らぐことはありません。その一方で、私たちは時代の節目にあって、まさにどのような国づくりを進めていくのかという議論を深めるべきときに来ていると思います。

そうした思いから、私は昨年、この「公開憲法フォーラム」へのビデオメッセージにおいて、自民党総裁として一石を投じる気持ちでこう申し上げました。「いよいよ私たちが憲法改正に取り組むときが来た。憲法9条について自衛隊を明記すべきだ」

この発言を一つの契機として、この1年間で憲法改正の議論は大いに活性化し、そして具体化しました。私はそのことを大変喜ばしく思っております。

自由民主党においては安全保障に関わる「自衛隊」、統治機構のあり方に関する「緊急事態」、一票の格差と地域の民意反映が問われる「合区解消・地方公共団体」、国家百年の計たる「教育充実」の4項目について大変議論が深まってまいりました。

私は毎年、防衛大学校の卒業式に出席し、陸海空の真新しい制服に身を包んだ任官したばかりの自衛官たちから「事に臨んでは危険を顧みず、身をもって責務の完遂に努め、もって国民の負託に応える」。この重い宣誓を最高指揮官、内閣総理大臣として受けております。そうです。彼らは国民を守るために、その命をかける。

しかし、残念ながら近年においても「自衛隊は合憲」と言い切る憲法学者は2割にとどまり、違憲論争が存在します。その結果、多くの教科書に合憲性に議論がある旨の記述があり、自衛官たちの子供たちもその教科書で勉強しなければなりません。皆さん、この状況のままでいいのでしょうか。

この状況に終止符を打つため、憲法に、わが国の独立と平和を守る自衛隊をしっかりと明記し、違憲論争に終止符を打たなければならない。それこそが今を生きる私たち政治家の、そして、自民党の責任です。敢然とその責任を果たし、新しい時代を切り開いていこうではありませんか。

憲法の専門家において、自衛隊違憲論が存在する最大の原因は、憲法にわが国の防衛に関する規定が全く存在しないことにあります。わが国の安全を守るため、命を賭して任務を遂行している者の存在を明文化することによって、その正統性が明確化されることは明らかです。そのことはわが国の安全の根幹にかかわることであり、憲法改正の十分な理由になるものであると考えています。

いよいよ、私たちが憲法改正に取り組むときが来ました。主役は国民の皆さまです。憲法改正は国民の代表者たる国会議員が議論し、草案を作り発議する。そして、最終的に国民投票によって国民の皆さまが憲法改正を決定する。憲法改正を成し遂げるためには、国民の皆さまのご理解、幅広い合意形成が必要です。その意味で、このフォーラムが果たす役割は極めて大きいと思います。皆さま方「民間憲法臨調」、「美しい日本の憲法をつくる国民の会」のこうした取り組みを大変心強く感じております。

憲法改正に向けて、共に頑張ってまいりましょう。

第5章　日本会議の教育政策

1　日本会議の政策が具体化した道徳の教科化

前著『日本会議の全貌』でも明らかにしたように、日本会議の前身の日本を守る国民会議は、憲法・防衛・教育を一体の最重要課題としていた。この基本方針は日本会議に受け継がれた。日本会議の教育方針は、第一に、歴史教科書による侵略戦争や植民地支配の正当化、日本の歴史を天皇中心の「神の国」の歴史という歴史認識を子どもたちや国民に定着させることである。第二は、愛国心教育、道徳教育の強化であり、個人よりも国家を上に置く国家意識・社会認識を植えつけることである。日本会議の「道徳教育の充実」のための道徳副読本作成の要求は、2000年3月、連携する「日本会議議連」の議員（亀井郁夫参議院議員・故人）によって国会で要求され、「日本会議議連」副会長の中曽根弘文文部大臣（当時）が作成を約束して、文科省発行の道徳副読本『心のノート』（現『私たちの道徳』）が実現した。筆者の著作から紹介しておく。

文部科学省は、道徳副読本『心のノート』を二〇〇二年四月に全国すべての小・中学校（全生徒千二百万人分）に「人間として生きていく上での大きなプレゼント」（文科省「『心のノート』の活用にあたって」）として配布しました。『心のノート』は、小学校低学年用・中学年用・高学年用、中学校用の4種類が作られています。『心のノート』は、文科省が編集・著作し、民間出版社が発行しています。これは戦前の国定教科書の発行と同じ形態であり、また、『心のノート』の奥付には「発行　文部科学省」とあるだけで、部署名や電話番号、監修者・著作者名もありませんが、これも戦前の国定教科書と同じです。実際は、河合隼雄文化庁長官が編集責任者になり、彼のグループの臨床心理学者たちが全面協力してつくられたものです。

二〇〇〇年三月一五日の参議院文教委員会で、亀井郁夫参院議員（広島選挙区、亀井静香議員の実兄）が、「戦後、私たちは物質的に豊かになった反面、大切な『心』を失った。それが学級崩壊につながっている」「学校の教育を高めていくことが大事だが、道徳の教科書がない。文部省は道徳問題についてもっと突っ込んで取り組んで欲しい」。少なくとも「道徳の冊子」をつくって教えるようにすべきではないか、と質問し、中曽根弘文文部大臣（当時）は、この「冊子」を意図的に「副読本」と解釈して、「副読本のお話しもありましたので、研究してつくっていったらいいのではないか」と答弁し、すぐに作成のための予算化が行なわれました。三月二二日の同文教委員会で亀井議員が、『心のノート』をつくるための予算が計上されていることを評価する質問を行い、河村建夫副大臣（当時）が「予算が成立したらただちに作成に取りかかり、全国の学校に配布したい」と答弁しています。

この二年前の九九年、大臣ではなかった中曽根弘文参院議員は、参院文教委員会で「道徳の副読本をつくれ」と主張しています。自分がかつて国会で取りあげた要求を亀井議員が行い、それに当人がすぐに予算をつけるという「できレース」のようなやりとりで発行が決まりました。

当初、文部省は四年計画で、小学校低学年用から順次発行する予定で、一億九千万円の予算を計上していましたが、それが〇一年度七億三千万円、〇二年度三億八千万円の予算がついて、四種類を一度に発刊して〇二年四月からこの国定の道徳副読本『心のノート』を使った授業をやらせようとしているのです。

(中略)

亀井郁夫議員は、広島の教育問題を最初に国会で取り上げ、教育攻撃を仕掛けた張本人で、改憲・翼賛団体「日本会議」と連携する日本会議国会議員懇談会のメンバーであり、日本会議広島県本部が広島の教育攻撃の中心組織として九九年五月に設立した広島県教育会議にも関係してきた人物です。日本会議は二年間の準備をかけて二〇〇〇年五月に日本教育会議を設立し、道徳教育の推進に力を入れてきました。この日本会議の要求を日本会議国会議員懇談会の議員が取り上げ、文科省がそれに迎合して『心のノート』がつくられ、学校現場に押しつけられようとしているのです。日本会議は、〇一年三月の総会議案書の中で「本会の国会質疑を契機に文部科学省は『心のノート』という道徳教材の作成を決定した」と成果を誇っています。右翼組織の方針を連携する議員が国会で取り上げ、それが国の教育行政として実施されるという恐ろしい構図がつくられているのです。

(子どもと教科書全国ネット21編『ちょと待ったぁ!教育基本法「改正」』学習の友社、2003年)

この日本会議の政策・方針は安倍政権による「教育再生」政策として実現している。以下に述べる、今日重大な問題になっている「特別の教科　道徳」による道徳の教科化や次期学習指導要領の内容などは、日本会議・「日本会議議連」が長年にわたって要求し、追求してきた政策の具体化といっても過言ではない。

2　小学校道徳教科書検定の問題点

道徳が「特別の教科　道徳」として教科化され、２０１８年度から小学校、２０１９年度から中学校で全面実施される。正規の教科となれば、子どもたちの心（内心）と行動が評価され、検定教科書が発行され、教員はこれを使用するよう義務付けられる。

私たちは、家永教科書裁判をはじめ教科書検定に反対してきたが、道徳教科書の検定は他の教科の検定とは違った問題点がある。他教科には人文科学・自然科学・社会科学など科学としての学問があり、その学問の到達点、成果に基づいて教科書は執筆・編集される。文部省・文科省による検定も学問・学説に照らして、教科書記述が妥当か否かを審査して検定意見を付け、検定意見に対して執筆者・教科書会社は学問・学説にもとづいて反論してきた。ところが、道徳は国家が定めた特定の価値（徳目）を教え込むものであり、他教科のような科学・学問がない。したがって、道徳教科書では検定意見が付けられれば、学問・学説に基づいた反論はできないので、文科省の指示通りに修正するしかない。

文科省は、２０１５年3月27日に教科書づくりの基準となる道徳の学習指導要領（指導要領）を告示した。さらに、２０１５年9月30日に教科書検定基準を改定（施行は２０１６年4月1日）した。この指導要領と改悪された検定制度によって、２０１６年度の道徳教科書検定が行われ、「伝統と文化の尊重、郷土や国を愛する態度」など政府が定めた価値観＝「国定道徳」を押しつけることになった。

さて、小学校道徳教科書は、8社が検定を申請し、２０１７年3月24日にすべて合格し、文科省が検定を公開した。そして、8月に採択が終わり、２０１８年4月から使われる（採択については後述）。小学校道徳の指導要領は、低学年（1・2年）、中学年（3・4年）、高学年（5・6年）という3区分になっているが、小学校道徳教科書を検定申請した8社は、1～6年用の学年ごとの分冊とし、うち3社が「ノート」「かつどう（活動）」などの別冊を出したので計66冊になった。

小学校道徳教科書を発行したのは、東京書籍、学校図書、教育出版、光村図書、日本文教出版、光文書院、学研みらい、廣済堂あかつきの8社である。そのうち、別冊を出したのは、学校図書、日本文教出版、廣済堂あかつきである。

66冊に対してつけられた検定意見数は、合計で244件、1冊あたりの平均は3・7件である。道徳教科書ははじめての検定なのに意見数は異例の少なさだった。これは、教科書会社が不合格を恐れて「自粛」と「萎縮」によって教科書を編集したためだと推測されている。その結果、どの社も文科省発行の道徳副教材『私たちの道徳』や民間の副教材、文部省作成の「道徳資料集」にある教材を多く使うことになっている。

3 今なぜ道徳の教科化か

中央教育審議会（中教審）は2014年10月21日、道徳を「特別の教科　道徳」として正規の教科に格上げする答申を出した。答申に至る経緯は次の通りである。

第一次安倍政権は2006年12月、1947年に憲法と一体のものとして制定された教育基本法を改悪した。それについて安倍首相は次のように主張している。

「安倍政権において60年ぶりに教育基本法を改正したのは私の誇りとするところである。特に『教育の目標に』に『日本の歴史と文化を尊重する』ことを書き込むことができた」（日本教育再生機構機関誌『教育再生』2011年6月号）。

「日本が占領時代に様々な法律や体制が作られ――憲法も、旧・教育基本法もそうです――、戦後、この長く続いてきた体制や精神も含めて、私は『戦後レジーム（旧制度）』とよんでいますが、この『戦後レジーム』から脱却しなければ、日本の真の独立はない」「旧い教育基本法は立派なことも書いてますが、日本の教育基本法でありながら日本国民の法律のように見えません。日本の『香り』が全くしないのです。まるで『地球市民』を作るような内容でした」（『教育再生』2012年4月号）

そして、この改悪教育基本法のねらいについて次のように述べている。

「新しい教育基本法は、安倍政権で約60年ぶりに改正したのですが、その第一の（教育の）目標には、わが国の国民の育成につとめるとともに、『道徳心』をはぐくむことを書き込みました。

法改正の『一丁目一番地』には、道徳教育の充実が掲げられています。つまり、『わが国と郷土を愛し』、文化と伝統を培うとともに、われわれ大人は道徳をきちんと教える責任があるのです」（『教育再生』2012年3月号）

1950年代半ば以降の「逆コース」とよばれた教育の反動化の中で、自由党・民主党（1955年10月の保守合同で自由民主党）と文部省は、道徳教育の復活（教科化）をめざした。しかし、戦前の修身の復活への批判によって、教科化はできず1958年に特設の「道徳の時間」として「道徳教育」が実施された。この安倍首相の「執念」が今回の「道徳の教科化」の実現につながったといえる。

「道徳の教科化」は第一次安倍政権（2006年9月～2007年8月）の「教育再生」政策の〝目玉〟の一つだった。当時も首相直属の教育再生会議が2007年6月の「第2次報告」で「道徳の教科化」を提言し、伊吹文明文部科学大臣（当時）が中教審に諮問したが、中教審は評価や検定教科書作成など問題が多く正規の教科になじまないと答申して実現しなかった。これが今回急浮上したのは、2011年に滋賀県大津市の中学生が「いじめで自殺」した事件が利用されたためである。第2次安倍政権が2013年1月に設置した首相直属の教育再生実行会議は、わずか3回、計3時間余の議論で2月に「いじめの問題等への対応について（第一次提言）」を出し、いじめをなくすために、「いじめ防止対策推進法」の制定（2013年6月28日に成立）と道徳の教科化が必要だと主張した。

これを受けて、下村博文文科相（当時）は、第一次安倍政権時の失敗を踏まえて、すぐに中教審に諮問しないで、2013年4月に「道徳教育の充実に関する懇談会」を設置した。この有識者会議に育鵬社教科書を作成している日本教育再生機構の運営委員の貝塚茂樹・武蔵野大学教授など道徳教科化の推進論者を多く入れ、同懇談会は「道徳の教科化が必要」だという「報告」を2013年12月に出した。下村文科相は教育再生実行会議提言とこの報告にもとづいて、2014年2月、「道徳の教科化」について中教審に諮問した。諮問に先立って、下村文科相は中教審が再度教科化に反対する答申を出さないように、櫻井よしこなどを中教審委員に任命した。中教審の道徳教育専門部会は、9月に「答申案」をまとめ、中教審は10月21日の総会で道徳を「特別の教科　道徳」として正規の教科に格上げする必要があるという答申を出した。下村文科相のいう「リベンジ」が成功したのである。

「いじめをなくすために道徳教育の充実・強化が必要」というのは何ら科学的な根拠のない幻想である。中学生がいじめで自殺した大津市立皇子山中学校は文科省の「道徳教育実践研究事業」推進指定校であり、文科省発行の道徳副教材『心のノート』『私たちの道徳』を使って熱心に道徳教育を実践していた。このことから見ても、道徳を正規の教科にして道徳教育を強化すればいじめがなくなるという根拠はないといえる。

4　「特別の教科　道徳」とは何か

中教審「答申」は、「道徳教育の使命」は、「人格の基盤」となる「道徳性」を育てることにあり、道徳教育は「教育の中核をなすべきもの」としている。これにもとづいて、①道徳を「特別の教科　道徳」として正規の教科に格上げして道徳教育を義務化する、②「特別の教科　道徳」を「要」として学校の教育活動全体を通じて道徳教育をより確実に展開するよう教育課程を「改善」する、③国が検定基準を定める検定教科書を導入する、④数値での評価はしないが、子どもの「作文やノート、質問紙、発言や行動の観察」などをもとに文章で「道徳教育の成果として行動面に表れたものを評価する」、などとなっている。さらに現在、道徳の時間がない幼稚園や高等学校、特別支援学校でも道徳教育を「充実」することも提言している。この答申がほぼそのまま実施されている。

安倍「教育再生」政策のねらいはグローバル企業のための「人材」と「戦争する国」の「人材」（兵士およびそれを支える国民）をつくるために、道徳を正規の教科にして全教科の上におき、「愛国心」などを植えつける道徳教育を強化することである。

道徳を教科にするのは、戦前・戦中の修身につながるといえる。道徳が正規の教科ではなく特設の「道徳の時間」という扱いを受けてきたのは、修身の復活に反対する学校現場や教育学界、国民世論のためである。

安倍政権・自民党や文科省は、「特別の教科　道徳」の中心は愛国心教育であると主張し、すでに学習指導要領にはそのように明記されている。

新自由主義的教育政策が推進され、子どもたちが一層の競争を強いられ、道徳で心や態度が評価されれば、子どもたちのストレスが増大し、いじめや荒れ、不登校の増加が予想される。その対策として、道徳教育を徹底し、「ゼロ・トレランス（不寛容）」による厳罰主義によって、国家や大企業に従順な人材を育成するとしているのである。

5　「特別の教科　道徳」は、戦前の「修身」の復活

安倍首相・安倍政権のいう「教育再生」とは何を意味するのだろうか。「再生」とは、「死にかかったものが生きかえること」（広辞苑）である。「教育再生」とは、もともとあった「教育」が壊れているので生きかえらせる、ということだろう。では、もともとあった教育とは何なのか。

安倍首相は「戦後レジーム（体制）から脱却する」と主張している。「戦後レジーム」は、ポツダム宣言にもとづく戦後体制であり、日本国憲法と1947年教育基本法、東京裁判が主要なものだといえる。そう考えると、安倍首相が考える「再生」すべき教育は、憲法・教育基本法に基づく戦後民主主義教育ではないといえる。その戦後民主主義教育を1950年代以降に壊してきた、今も壊し続けているのは自民党政権と文部省・文科省である。そのように考えると、安倍首相のいう「教育再生」がめざすものとして、あとに残るものは、戦前・戦中の教育（特にそのシステム）以外には考えらない。

戦前・戦中は、明治憲法と教育勅語の下で、政府・文部省による強力な中央集権体制で教育が行われ、子どもたちは一人残らず「軍国少女」「軍国少年」に育てられた。その中で重要な役割を果たした教科書は国定だった。そして、こうした体制下の教育では、読本（国語）・地理・国史（日本歴史）・修身が主要教科とされ、他の教科の上に位置付けられ、その中でも「修身」が全教科の上に立つ「筆頭教科」とされていた。

今回の、「特別の教科　道徳」の「特別」とは、道徳を「筆頭教科」にして他の全教科の上におき、道徳によって全ての教科を統制する役割をさせるということである。これはまさに戦前の「修身」の復活といっても過言ではない。これと連動して「教育勅語の復活」（後述）が画策されているのである。

安倍首相は2017年の年頭所感や通常国会の所信表明演説などで、「積極的平和主義の旗をさらに高く

掲げ、日本を、世界の真ん中で輝く国にする」と主張した。1941年4月から使用された国民学校2年生用の国定教科書修身『よいこども　下』の最後には、世界地図の真ん中で日本列島が光り輝いているイラストが描かれている。安倍「教育再生」の「特別の教科　道徳」が修身の復活を目指すものということを表すものといえる。

他方では、政府・文科省による中央集権的な教育体制が強化されている。もちろん、安倍「教育再生」政策は国家主義と新自由主義をセットにしたものなので、単純な「復古主義」とは言えないことは明らかである。「教育再生」の名によって、「戦争する国」「グローバル企業」のための「人材」づくりを担うものだといえる。そして、道徳を正規の教科にして道徳心・愛国心を子どもたちに植えつける教育を長年要求してきたのは、安倍政権を支える極右組織日本会議である。安倍政権によって極右組織の要求が実現したのが、「特別の教科　道徳」ということだ。

安倍政権によって教育勅語の復活がねらわれ、新指導要領に自衛隊のみが実践している銃剣道の指導が盛り込まれたのもこれと無関係ではない。

6　小学校道徳教科書と教育出版道徳教科書の問題点

前述のように小学校道徳教科書は、指導要領と検定のために、どの社も横並びの内容になっている。加えて、戦後はじめての道徳教科書の検定ということで、各社が不合格を恐れて「安全運転」で教科書をつくり、同じ題材を多用していることも特徴である。しかし、その中でも教育出版（教出）の道徳教科書は他社と異なる異様な内容が含まれている。

例えば、①「国旗・国歌」は指導要領にはないので扱っていない教科書もあるが、教出は「国旗・国歌」

を異常に大きく取り上げている。オリンピックを題材に国旗「日の丸」、国歌「君が代」を説明しているがこれは間違いである。オリンピック・パラリンピックで使われる旗や歌は、国旗・国歌ではなく、選手団の旗・選手団の歌である（オリンピック憲章）。「君が代」斉唱時の起立・礼の行動まで写真入りで説明するなど子どもに強制する内容である。②安倍首相や育鵬社教科書を採択している東大阪市の野田義和市長の写真を何らの必然性もなく掲載している。政治家の写真を必然性なく取り上げるのは教科書検定基準にも違反する。しかも、この写真で安倍首相は手の甲を前に向けた「裏ピース」というサインをしている。これはセクハラのサインといわれ欧米などでは批判されている。③戦前の修身と同じようなお辞儀をさせる「しつけ・礼儀」の教材を多用し、行動を型にはめて子どもの心や身体を特定の方向に導こうとしている。④松下幸之助・豊田喜一郎・石橋正二郎などを称賛し「道徳のお手本」としているが、企業の宣伝のような内容になっている。これらは一例である。

こうした内容になったのは、育鵬社の中学校社会科教科書をつくり採択活動を行ってきた日本教育再生機構（「再生機構」、八木秀次理事長）の道徳教育の中心メンバーが教出の監修・編集執筆者に名を連ねているためである。それは、監修者の貝塚茂樹（武蔵野大学教授、「再生機構」運営委員）と柳沼良太（岐阜大学大学院准教授）などである。貝塚は「再生機構」が教科書のパイロット版として育鵬社から出版した『13歳からの道徳教科書』と『はじめての道徳教科書』の中心的な編集委員、柳沼は後者の編集委員である。

さらに、安倍首相の仲間の赤池誠章参議院議員が、「教育出版教科書は愛国心などが一番よくできている、他の7社は全部だめ」といって、教出道徳教科書の採択を推進していた。自民党文部科学部会長の赤池は、「日本会議議連」の事務局次長で、日本の前途と歴史教育を考える議員の会（「教科書議連」）、安倍首相が会長の神道政治連盟国会議員懇談会、みんなで靖国神社に参拝する国会議員の会、安倍首相が会長の創生「日本」、新憲法制定議員同盟、日教組問題を究明し、教育正常化実現に向け教育現場の実態を把握する議員の

表　2018 年度用小学校道徳教科書の採択状況

東京書籍	1,422,017 冊（21.3%）	138 地区（23.7%）
日本文教出版	1,421,302 冊（21.3%）	134 地区（23.0%）
光村図書	1,138,919 冊（17.1%）	83 地区（14.2%）
学研みらい	987,140 冊（14.8%）	91 地区（15.6%）
教育出版	571,338 冊（8.6%）	34 地区（5.8%）
光文書院	563,555 冊（8.4%）	68 地区（11.7%）
学校図書	377,961 冊（5.7%）	17 地区（2.9%）
廣済堂あかつき	151,014 冊（2.9%）	18 地区（3.1%）

会などの右翼議連に所属し、米「ワシントンポスト」への「慰安婦」否定の意見広告や南京大虐殺を否定する映画「南京の真実」に賛同した議員である。

以上のような事実から、教出の小学校道徳教科書は「つくる会」系教科書と同じようなもの、育鵬社の「代理教科書」ではないかといわれた。私たちは、こうした事実を広く教員や保護者、市民、教育委員会などに知らせて、育鵬社版のダミーともいうべき教科書によって、子どもたちの道徳教育が行われないよう、教育出版の小学校道徳教科書の採択に反対する世論を急速に広げる必要があると考え、全国各地での学習会や話し合い、教育委員会への働きかけを呼びかけた。

7　小学校道徳教科書の採択結果

２０１８年度用小学校道徳教科書の採択が終わり、都道府県の採択地区ごとにどの教科書を採択したかが判明した（子どもと教科書全国ネット21調べ）。そして、文科省が２０１８年1月に各社ごとの需要数を発表したので、各社の採択冊数と占有率が判明した。各社の採択冊数とその占有率、採択地区数と占有率は次の通りである。分冊を発行している日文、学図、あかつきは総数を2分の1にして計算した。なお、２０１７年4月現在の全国の採択地区数は５８３である。

教出は地区数では光文書院より少ないが、生徒数の多い政令指定都市のさいたま市・名古屋市・浜松市で採択されているので冊数では光文を上回っている。学校図書も横浜市で採択されたので冊数で廣済堂を上回っている。

教出を採択した地区は、北海道8、青森1、茨城1、群馬1、埼玉3、千葉3、東京2、神奈川1、山梨3、新潟2、石川1、静岡1、愛知1、兵庫1、愛媛1、福岡3、沖縄1の34地区である。

8　2018年4月からの道徳教育をどうするか

「教育出版が採択されなかったのでよかった」「教育出版が採択されたので大変だ」などの声が聞こえてくる。私たちは、はたしてこれでよいのだろうかと考え、教出が採択された地域でも、そうでない地域でも、2018年4月の授業開始に向けて準備をしていく必要があると呼びかけてきた。

まず重要なことは、教科書採択が決まったのだが、小学校の教員は8社の道徳教科書はおろか、採択された教科書もほとんど見ていないという現実がある。筆者が2017年9月にある県教組支部・高教組支部の合同教研集会で講演した時、「教科書展示会に行って教科書の見本本を見た人」と聞いたところ、100人以上いた参加者で手を挙げたのは数人であった。多くの教員が教科書展示会場に足を運んで見本本を検討することをしていないのである。これは、教員が超多忙化の中で余裕がないことが最大の原因であるが、自分が使う教科書を自分で選べないという世界に例のない最悪の採択制度のために、教科書への関心が弱まっているためだと思われる。こうした中で、新学期に教科書が渡されて授業の準備をするのでは遅すぎる。そのことへの不安が広がっている。そこで、採択された教科書を含めて、他の教科書の見本本を見て、内容を検討し、授業の準備をするために、次のようなことに取り組まれるよう提案した。

①採択が終わった後、多くの地域では見本本は教育委員会のロッカーにはいったままになっている。教育委員会に対して、図書館などに見本本を展示して見られるようにすることを要請する。千葉県の千葉市や市川市などでは図書館などで展示が行われていて、コピーも可能だということである。

②文科省は今年の採択で見本本の管理・統制を厳しくしていたが、採択が決まった教科書について、授業準備などのために教育委員会が教科書会社に見本を請求することは禁じていない。したがって、教育委員会に対して採択した教科書の見本本を取り寄せるよう要請し、学校・教員集団や教職員組合などで検討する。

③教出の教科書にも良い教材もあり、また、他社の教科書にも良い教材とよくない教材がある。したがって、学校で教員集団が相談して、この教材は扱わない、この教材は扱う、また他のすぐれた副教材を取り上げる、などを決めて授業を準備することが重要である。文科省は、副教材を使うことを禁じていない。また、教科書を全部教えなくてもよいと通知しているので、子どもたちに教えない方が良い教材は取り上げなくてもよいのである。どの社の教科書も各学年すべて100ページ以上あり、これを全部1年間で教えることなど不可能なので、こうした取り組みはとても重要だと思われる。

④市民・住民の側では、今年の採択について情報公開に取り組む必要がある。教科書の採択理由をはじめ、すべての議事録の公開を情報公開法も活用して取り組む。教科書無償措置法第15条は採択過程の公開を要請している。文科省も採択情報の公開を進めるように都道府県と政令指定都市教育委員会に通知している。

⑤各地の学校では道徳の公開授業が行われている。これを見学して教員との懇談などに取り組む。このような機会に教員とも話をして、どういう道徳教育を望むのか、どんな教材は子どもたちに教えないでほしいのかなどを話し合うことも重要である。

⑥日本では道徳が正規の教科として授業が行われるのは戦後初めてのことである。保護者をはじめ、道徳教育に対しては様々な意見や思いがあると思われる。また、道徳教科書がどんな内容なのかもほとんど知ら

れていないのが実態である。そこで、地域で保護者や地域住民による「道徳カフェ」のような取り組みを提起し、実行することを提案する。

⑦２０１８年度は中学校の道徳教科書の採択がある。以上のようなことを実行することによって、18年の中学校道徳教科書採択活動にもつながるものである。

9　中学校道徳教科書の検定と内容の特徴

文部科学省は、２０１８年3月27日、２０１９年度から使用する中学校道徳教科書の２０１７年度検定の結果を公開した。前述のように、「特別の教科　道徳」は、安倍政権の「教育再生」政策の目玉として戦後初めて道徳の授業が教科化されたものである。道徳教科書の検定は、２０１６年度の小学校に続いて2度目である。以下、中学校道徳教科書の検定及び教科書について、今わかっている特徴や問題点のいくつかを紹介する。

検定合格した中学校道徳教科書の発行者

２０１７年度に中学校道徳教科書の検定を申請した教科書会社は、東京書籍（東書）、学校図書（学図）、教育出版（教出）、光村図書（光村）、日本文教出版（日文）、学研みらい（学研）、廣済堂あかつき（あかつき）、日本教科書（日科）の8社で、すべて検定合格した（カッコ内は略称）。日科以外は小学校道徳教科書を発行した教科書会社である。

新規参入の日本教科書株式会社は、安倍首相のブレーンとして知られる八木秀次・麗澤大学教授（日本教育再生機構理事長）らが２０１６年4月に、八木が代表取締役社長に就任して設立した。設立時の所在地は日本教育再生機構（「再生機構」）の事務所と同じ場所にあった。「再生機構」は育鵬社教科書を作成している団体である。八木は、道徳の教科化などを提言した安倍首相直属の教育再生実行会議の有識者委員で、「道徳の教科化」を推進した中心人物である。八木は２０１７年９月に日科の代表取締役を退任し、その後の社長には晋遊舎代表取締役会長の武田義輝が就任している。さらに、社長は検定合格後に上間淳一に代わっている。晋遊舎は『マンガ嫌韓流』や元「在特会」会長の桜井誠氏の本などヘイト本を多く発行している出版社である。日科の現在の所在地は、千代田区神田神保町の晋遊舎の中にある。こうした事実から、晋遊舎の子会社になったと思われる。日本教科書は、「道徳教育専門の出版社」で「文部科学省検定教科書の発行と供給」を主な事業とするとホームページで述べている。

「再生機構」は育鵬社から中学歴史・公民教科書を発行している。道徳教科書も育鵬社から発行することをめざして、教科書のパイロット版として『13歳からの道徳教科書』（中学校用、２０１２年２月）、『はじめての道徳教科書』（小学校用、２０１３年12月）を育鵬社から発刊した。ところが、中学校歴史・公民教科書は６％前後の採択があるが、毎年赤字で発行しているために、育鵬社（及び親会社の扶桑社）は道徳教科書を出せばさらに赤字が増大すると考えて、道徳教科書の発行をやめたと推測される。そのため、「再生機構」は小学校道徳教科書を検定申請できず、中学校は、自分たちで教科書会社を設立して教科書をつくって検定申請したということである。しかし、教科書発行には一定の編集経験がある役員が必要などの教科書発行資格の規定があるために、ヘイト本出版社の晋遊舎に「身売りした」のではないかと思われる。

２０１７年度道徳教科書の検定の概要

８社のうち、あかつきと日文が別冊を出したので、発行教科書の数は30冊である。検定意見の総数は１８４件で１冊あたりの平均は６・１件（２０１７年度検定の小学校は８社66冊で２４４件、１冊あたり３・７

件）であり、小学校より1冊あたりの意見数は多い。しかし、検定意見のうち、日科に付けられた意見は67件（全体の36％）で、日科をのぞけば1冊あたり4・3件であり、小学校とそれほど大きな違いはない。

検定意見のうち、小学校では184件中43件（23・4％）を占めた「学習指導要領に示す内容に照らして不適切」という意見は、わずか7件（3・8％）だった。マスコミは「道徳教科書の初の検定で様々な注文がついた16年度の〝教訓〟を生かし、教科書会社が配慮したことが背景にある」（「日本経済新聞」2018年3月28日）などと報道したが、これは正確ではない。小学校教科書の検定意見が伝えられたころには、中学校教科書の申請本の原稿はほとんどできている。教科書会社は小学校よりも1年分多く作成の時間があったので、教科書編集に十分時間をかけることができたことがこの結果につながったと推測できる。むしろ、文科省の教科書調査官（検定官）が、昨年のマスコミや研究者、私たち市民の批判を受けて検定で配慮したのではないかという推測の方が当たっていると思われる。

また、特徴的な検定例として次のようなものが挙げられる。

・全巻に「学習指導要領に示す内容に照らして、扱いが不適切（我が国の伝統と文化の尊重、国を愛する態度）」との意見がつき、「先人の思いとともに」という題材（花火や灯篭流しの話）の設問「季節の年中行事や儀式などに参加したとき、どのようなことを感じただろう」に、「また、先人が築いてきたことをこれからの社会に受けつぎ、日本を発展させていくために、私たちにできることはどのようなことだろう」を付け加えた（東書・3年）。

・全巻に「学習指導要領に示す内容に照らして、扱いが不適切（友情、信頼）」「『異性についての理解を深め』の取り上げ方が不十分」との意見がつき、「私がピンク色のキャップをかぶるわけ」の設問「これまでに、さまざまな『友情』の在り方を学んできた」の前に「同性どうしの友情や異性との友情など」を追加した（光村・1年）。

・杉原千畝の題材で、「日本はドイツと防共協定を結んでいる国です。そのために、あなた方ユダヤ人にビザを出すのは難しい立場にあります。」に「生徒が誤解する恐れのある表現である（当時の日本の外交政策）」との検定意見がつき、「私は数人分のビザならば発行することができますが、これほど多勢の人たちにお出しするのは難しい立場にあります」に修正した（学図・2年）。小学校でも同様の検定があったが、千畝の発言・事実をねじ曲げた歴史の改ざんであり、当時の政府の政策批判を許さないという意図による検定である。

現段階で判明している中学校道徳教科書の特徴

子どもと教科書全国ネット21は、プロジェクトチームをつくって中学校道徳教科書の調査・分析・検討を進めている。2018年5月末までには「中学校道徳教科書検討資料集」（仮題）という簡単なパンフレットを発行する予定である。この作業はまだ途中なので詳しい特徴は指摘できないが、マスコミ報道も含めて現在判明している特徴のいくつかを明らかにする。

まず、国家が定めた徳目・価値観の押しつけ、特に愛国心や伝統・文化を子どもたちに押しつける内容が各社ともに目立つ。これについて、「東京新聞」は「愛国へ日本礼賛　続々」の見出しで、「教科書各社は伝統芸能にたずさわる人々や生活習慣などを『日本の良さ』として紹介」と述べている。前述以外のいくつかの例を紹介する。

・東日本大震災後の日本人のふるまいをたたえる海外の報道を紹介（「市民の共通の利益のために『ガマン』する精神は日本人の最もよい面」「危機の中において、法に従い、秩序を守る気高さこそが、日本人のすばらしい国民性」）（教出・3年）。

・王貞治の随筆「国」を読んだあとの設問（「祖国をよりいっそう愛するに足る国にしていくために、どのような国の理想像を描いているか」）（あかつき・2年）。

・「礼儀」を学ぶコラムで「私たちの日本の文化には、相手に対する敬意や思いやりを大切にするという伝統があります」（学図・1年）。

歴史学者の吉田裕氏（一橋大学教授）は、近年「日本礼賛」がブームになり、「ここ数年は、武田恒保『日本はなぜ世界で一番人気があるのか』（2010年）に代表される『日本礼賛本』がブームになり、『日本の文化を外国人にほめてもらったり、海外での日本人の活躍ぶりを紹介したりするテレビ番組』も増えているという（『朝日新聞』2015年3月13日付）」と指摘している（『日本軍兵士』中公新書）。こうしたことと道徳の学習指導要領が、伝統と文化や愛国心を強調していることが教科書に反映しているといえる。

また、子どもの内心の「愛国心」などを数値で「自己評価」させていることも指摘できる。道徳の教科化にあたって文科省は、数値による（段階的な）評価はしないとしてきた。ところが中学校道徳教科書は、8社中東書・教出・日文・あかつき・日科の5社が生徒に数字やレベルで3〜5段階で自己評価させる欄を設けている。例えばあかつきは、「日本人としての自覚をもち、国の発展に努める」などを①〜⑤の段階で自己評価させている。これは明らかに生徒の内心を数値で評価させるものであり、こうした作業を通じて愛国心など国家がめざす価値観が生徒の内心に押しつけられていくことになる。この自己評価は、後述の日科がもっともひどい内容になっている。

日本教科書は完成度の低い復古主義・国家主義的内容

道徳の学習指導要領は、その「視点」（内容項目）を、A「自分自身に関すること」、B「人との関わりに……」、C「集団や社会との関わりに……」、D「生命や自然、崇高なものとの関わり……」という4つの大項目に分類して規定している。他社はこのA・B・C・Dに属する内容を適宜織り交ぜて配列し1冊を編集しているが、日科は、各学年ともにA・B・C・Dを1ページ目から順番に扱っているので、最初はAばかりになっている。そのため、例えば1学期には「A」の「自分自身に関すること」だけを学習することになる。教科書づくりの「イロハ」を理解していない編集であり、この面からも学校では極めて使いづらいものである。しかも、前述のように検定意見数が飛び抜けて多かったが、その多くが字句の間違いなどであり、完成度が極めて低い教科書といえる。

使われている題材が編集部で作文したと思われるものが多く、教えたい「偉人」などに無理やりに結びつける展開のものが多くある。例えば、吉田松陰を登場させるために、中学生が陸上競技の走り込み途中で松下村塾の前を通る話などがその一例である。新潟県長岡市がハワイのホノルル市と姉妹都市提携をして真珠湾で花火を打ち上げるという「白菊」という題材の最後に、何らの必然性もなく安倍晋三首相の真珠湾での演説を1ページ分コラムで載せているのもこうした意図によると思われる。こうした作文の多くが日本礼賛、愛国心の鼓舞になっている。

前述の自己評価も日本教科書が最も露骨である。「中学生で身につけたい22の心」として、「礼儀を大切にし、時と場に応じた言動を判断できる心」「国を愛し、伝統や文化を受け継ぎ、国を発展させようとする心」「日本人としての自覚をもち、世界の平和や人類の幸福に貢献しようとする心」などを4段階のレベルで評価させる内容である。

以上はごく一部の問題点であるが、他社と比べても子どもに学ばせたくない内容を多く含んでいる教科書である。

10　新学習指導要領の問題点

２０１７年3月31日に告示された新学習指導要領は、子どもが国家・社会（企業）に役立つ「人材」として身につけるべきものとして、「学力」ではなく「資質・能力」を規定している。「育成すべき資質・能力」の頂点に立つのは道徳性とされ、「特別の教科　道徳」が重要な位置になっている。そして、「何を理解しているか、何ができるか」（知識・技能）、「理解していること・できることをどう使うか」（思考力・判断力・表現力等）、「どのように社会・世界と関わり、よりよい人生を送るか」を３つの柱と位置づけ、それによって「学びに向かう力、人間性等」が身に付くとしている。知育・徳育・体育のなかで徳育（道徳教育）が中心的に位置づけられている。

「どのように学ぶか」では、「主体的・対話的で深い学び」（アクティブ・ラーニング）が強調され、道徳教育でも、道徳性を養うために、自ら考え、理解し、行動するなど主体的に学習することが求められている。

これまでの指導要領は、教育内容だけを決めていた（教育内容の統制）が、新指導要領は、教育内容だけでなく、指導方法、子どもの学び方、評価、学校管理を一体として、学校教育・学校制度全体を国が統制することをめざしている。この学校運営には、「カリキュラム・マネージメント」が導入され、企業の製品管理のための合理化の手法であるＰＤＣＡサイクルが強調されている。子ども一人ひとりを個性と人格をもった人間として育てる教育から、子どもの個性を無視して均質な「人材」をつくる教育をめざすものである。

さらに、新指導要領は上記のような内容だけでなく、学校と家庭、学校と地域の関係、あり方まで規定している。指導要領によって社会のあり方そのものまで国家が介入・規定しようとするものである。

同時に改訂された「保育所保育指針」（厚労省所轄）には、初めて「国旗に親しむ」「国歌に親しむ」表記が加わり、「幼稚園教育要領」にも、現行にある「国旗に親しむ」に加えて「国歌に親しむ」が盛り込まれた。幼児期から「日の丸・君が代」を強制するものである。

森友学園の教育は、安倍「教育再生」政策＝「特別の教科　道徳」と新指導要領がめざす教育を先取りしたものであり、森友学園は安倍政権が目指す教育の「モデル校」だったといえる（これについては後述）。

11　教育勅語復活のねらい

安倍政権は、２０１７年3月31日、教育勅語を教材として用いることを容認する閣議決定を行った。「憲法や教育基本法等に反しないような形」という留保をつけているが、どういうことが「反しない」のかは具体的に示さず、「憲法や教育基本法に反しているかどうか」の判断は、教育委員会など所轄庁に丸投げしている。これは、戦前・戦中の軍国主義教育の基礎だった教育勅語の復活をねらうものであり、「戦争する国」の教育をめざす、道徳の教科化や新指導要領と一体のものだといえる。

菅義偉官房長官は17年4月3日の記者会見で、「親を大切にする、兄弟仲良くする、友達を信じ合うことまで否定すべきではない」として道徳の教材として教育勅語を使うことを否定しない考えを表明した。

戦前・戦中の修身の復活ともいえる「特別の教科　道徳」を筆頭教科とする授業が２０１８年4月から小学校ではじまったが、それを前に、修身教育のもとになった教育勅語の復活が画策されていることはきわめて重大なことである。

１９４７年に憲法・教育基本法が施行され、１９４８年6月19日、国会で教育勅語の排除（衆議院）、失効（参議院）決議が行われた。

衆議院の排除決議は、教育勅語の「根本的理念が主権在君並びに神話的国体観に基いている事実は、明らかに基本的人権を損い、且つ国際信義に対して疑点を残す」とした。

衆議院の決議を受けて、当時の森戸辰男文部大臣は「教育勅語は明治憲法を思想的背景といたしておるものでありますから、その基調において新憲法の精神に合致しがたいものであることは明らかであります。教育勅語は明治憲法と運命をともにいたすべきもの」と述べ、「將來濫用される危険」のないようにすべきと主張していた。

いま、安倍政権の下で教育勅語の擁護・「濫用」（森戸辰男）・復活の動きが激しくなっている。稲田朋美防衛相（当時）は、「教育勅語の精神である親孝行など、核の部分は取り戻すべきだ」と答弁し、松野博一文科相（当時）は、「教育勅語を授業に活用することは、適切な配慮の下であれば問題ない」と言い、義家弘介文科副大臣（当時）は、森友学園の幼稚園で教育勅語を朗読するのは「教育基本法に反しない限りは問題ない行為」と答弁した。

安倍政権や自民党政治家たちは、教育勅語の「親孝行や兄弟仲良く、夫婦相和し」などの徳目は今日でも通用する普遍的なものだと主張している。だから、教育勅語の徳目は現在でも通用する、学校で教材として教えてもよい、道徳教育の最良の教材だということである。閣議決定はそういう意味である。

しかし、教育勅語は、明治憲法の下で天皇が家来である臣民が身に付けるべき道徳として与えた（要求した）ものであり、教育勅語の徳目は、すべて「一旦緩急あれば（戦争になれば）」天皇（国家）のためにすすんで命を投げ出す臣民になるために必要な道徳、という構造である。この面からみても、日本国憲法や教育基本法とは相いれないものである。前述の排除決議の趣旨説明で、松本淳造衆院文教委員長（当時）は「勅語という枠の中にある以上、勅語そのものが持つ根本原理をわれわれとしては現在認めることができない」と述べている。教育勅語全体の構造を抜きに部分だけ取り出して「いいところもある」「普遍的」なものとするのは誤りである。

教育勅語がいう親子・夫婦・兄弟などは、明治憲法と旧民法下での家族関係であり、父親や夫への絶対服従、長子相続の原則における関係である。どんなにDVをふるう父親や夫にも黙って従え、長男には逆らうなという絶対服従の「道徳」なのであり、日本国憲法の下では相容れない徳目なのである。教育勅語の徳目は決して「普遍的」なものではないのである。勅語を教材として使うことを容認する閣議決定をしたのは別の意図・目的があるとしか思われない。「戦争する国」の「人材」づくりの道徳教育に森友学園のように教育勅語を使いたいということであり、その復活を許すことはできない。

新しい歴史教科書をつくる会（「つくる会」）は、「今だからこそ、『教育勅語』を伝えよう！」というキャンペーンをはじめている。教育勅語の「素晴らしさを多くの国民に伝える」チラシを２０１７年11月から２０１８年３月で５万枚を目標にポスティングや街頭・駅頭で配布する。キャンペーンの提起について「つくる会」は、教育勅語は「戦前教育の『悪の権化』としてレッテルを貼られ貶められています。／しかし、……（教育勅語は）私たちが立派な日本人としてどう生きるべきか、その範を示すものです。そしてその精神こそ、今の日本人の多くが失いつつあるものと言っても過言ではありません」（「つくる会」会報『史』２０１７年11月号）と主張している。

12 森友学園の教育は安倍「教育再生」政策の先取り

次章で詳しく述べるが、森友学園問題の重要な一つは、塚本幼稚園及び開校を予定していた小学校の教育内容である。森友学園の教育は、明らかに憲法・教育基本法に反する偏向教育、洗脳教育であるが、その内容は、安倍首相・安倍政権が推進する道徳の教科化や指導要領がめざす教育を先取り・体現していたものといえる。

安倍首相は、当初（2017年2月27日の国会答弁）、森友学園の籠池泰典理事長（当時）は「私の考えに非常に共鳴している方だ」「妻から（籠池）先生の教育に対する熱意はすばらしいと聞いている」と持ち上げていた。

森友学園の塚本幼稚園では、毎朝の朝礼で、園児に「日の丸」の前で、「教育勅語」を暗唱させ、「君が代」を一斉唱和させ、軍歌も斉唱させていた。園児に年1回伊勢神宮にお泊り参拝させ、自衛隊の行事に園児を参加させ、「軍艦マーチ」などを演奏させていた。

2015年10月の塚本幼稚園の秋季運動会で次のような「宣誓」を園児たちが唱和した。

「おとなの人たちは、日本がほかの国々に負けぬよう、尖閣諸島・竹島・北方領土を守り、日本を悪者として扱っている中国、韓国が心改め、歴史教科書で嘘を教えないようお願いいたします。安倍首相、ガンバレ！　安倍首相、ガンバレ！　安保法制国会通過よかったです！」

幼稚園児が教育勅語や「安倍首相がんばれ！」の「宣誓」で叫んだような内容が理解できるとは思えない。それを暗唱させるのは、教育ではなくて洗脳、刷り込み、マインド・コントロールである。戦前、戦中の子どもたちも、こうした洗脳によって、「軍国少女」「軍国少年」にされ、戦場に駆り出されたのである。

森友学園が開設を予定していた小学校は、校内に神社を造り、日本で唯一の神道系小学校で、日本の文化や伝統、歴史を学ぶことによって愛国心を育むことを教育理念としていた。

名誉校長を引き受けていた安倍昭恵夫人は、3回も塚本幼稚園で講演しているが、2015年9月5日、名誉校長の名で行った講演では、「こちらの教育方針は大変、主人も素晴らしいと思っている。（卒園後）公立小学校の教育を受けると、せっかく芯ができたものが揺らいでしまう」と、公立学校の教育内容を批判した。だから、塚本幼稚園の洗脳教育を続けるためにも小学校をつくるのだと、「瑞穂の國記念小學院は、優れた道徳教育を基として、日本人としての誇りを持つ、芯の通った子どもを育てます。そこで備わった『やる気』や『達成感』、『プライド』や『勇気』が、子ども達の未来で大きく花開く」(あいさつ文)と、その意義を語っていた。後述するように、この昭恵夫人の主張こそが、安倍首相が森友学園の小学校開設をめざした目的だといえよう。

森友学園の幼稚園や開校を目指した小学校での教育は、日本会議の教育方針の具体化といっても過言ではない。それは同時に、安倍政権がめざす「戦争する国」の教育を体現したものである。道徳の教科化や新指導要領は森友学園の教育を全国の学校で実現しようとするものである。

森友学園の教育は、安倍「教育再生」政策＝「特別の教科　道徳」と新指導要領がめざす教育を先取りしたものであり、森友学園は安倍政権が目指す教育の「モデル校」だったといえる。

13　安倍「教育再生」政策にストップを!

以上みてきたように、安倍「教育再生」は、大企業と「戦争する国」の「人材」づくりをめざすもので、自民党の憲法草案がめざす改憲後の国のかたちを先取りしたものである。それは、大きな問題になっている森友学園の偏向教育、洗脳教育を全国の学校で実施をめざすものであり、「教育の総動員体制」づくりといえる危険なものである。

この教育政策は、安倍政権の他の政策とも深く結びついている。したがって、私たちは安倍「教育再生」政策ストップを全力でたたかうとともに、安倍9条改憲反対、戦争法廃止、共謀罪法廃止、辺野古新基地建設反対、脱原発、反貧困、歴史問題などなどの課題とむすびつけ、それらをたたかう人びとと連帯・共同した運動を展開し、安倍政権の退陣を実現する必要がある。そのための壮大な運動を地域から広げていくことが必要である。

第6章　日本会議と森友・加計学園問題

森友学園問題（疑惑）の要点

大阪の学校法人森友学園の小学校開設をめぐって、小学校開設予定地の国有地払下げに関する疑惑、森友学園が経営する大阪市淀川区の塚本幼稚園での異常で時代錯誤の偏向教育、さらに森友学園及び籠池泰典前理事長と安倍晋三・昭恵夫妻の深い関係などが重大な問題になっている。

森友学園問題は主に3つの問題がある。

第一は、国有地をタダ同然で森友学園に売却した問題である。

第二は、森友学園の小学校開設の申請に対して、規定を変えてまでこれを認め、さらに「認可適当」と決定した問題である。

これらについて、政治家や官僚が関与した疑惑は濃厚である。後述のように松井一郎大阪府知事の疑惑も重大であるが、とりわけ、安倍晋三・昭恵夫妻の関わり・疑惑は払しょくされていない。安倍首相は、国有地売却問題に「私や妻が関係していたら首相も国会議員も辞任する」と答弁していた。それだけ重大な疑惑であるから徹底的な究明が求められる。

第三は、森友学園・塚本幼稚園の教育内容の問題である。

森友学園の教育は、明らかに憲法・教育基本法に反する偏向教育、洗脳教育であり、その内容は、安倍首相・安倍政権が推進する道徳の教科化や新学習指導要領がめざす教育を先取り・体現していたものといえる。本稿ではこの問題を中心に明らかにしたいと思う。

1　森友学園の小学校新設申請と国有地取得の経緯

大阪市の森友学園（籠池泰典理事長・当時）は、２０１４年10月31日、大阪府に小学校開設の認可申請をした。大阪府の私立学校設立の基準では、私立小中学校を開設した実績のある学校法人でなければ借入金で学校開設はできないとなっていた。籠池理事長は、橋下徹が府知事だった２０１１年７月頃にこの基準の見直しを府に要望した。これを受けて、大阪府は松井一郎知事就任後の２０１２年４月１日に基準を緩和した。これについて、松井知事は、２０１７年2月25日に自身のツイッターで「新規参入を促し競争による質向上を目指して高いハードルを他府県並みに引き下げただけだ」と説明している。基準緩和を受けて、森友学園は前述のように２０１４年10月に大阪府私立学校審議会（私学審）に認可申請を行った。

２０１４年12月18日の私学審では、学校法人が新たな学校の設置費用にあてる「私立学校の会計基準で将来の設備投資に充てる第2号基本金」がゼロで計画性がない、借金も多く、「借り入れが、いまもっているものよりオーバーしている」、寄付金頼みの計画、などと指摘を受け、認可は保留された。ところが、わずか40日後の翌２０１５年1月27日の私学審臨時会合で、今後、財務状況や校舎建設などの経過をチェックしていくという条件付きで「認可適当」と決定・答申した。大阪府私学課によれば「認可適当」となれば、校舎の建設や児童の募集が開始できるという「事実上の認可」である。12月に強い異議が出て認可留保した私学審がなぜ40日後に「認可適当」としたのかは謎である。私学審のある委員は、「誰が見てもおかしな話を、府は通しにかかった。よほど強い後ろ盾があると思わざるをえなかった」と証言している（「しんぶん赤旗」2017年3月1日）。

一方、近畿財務局は、2013年9月2日、森友学園と大阪府豊中市の国有地について、公有地貸し付けを前提にした協議を開始した。そして、私学審の「認可適当」答申後の2015年2月10日、国有財産近畿地方審議会が、森友学園への土地貸し付け・売買予約を了承し、5月29日、近畿財務局が森友学園と土地貸し付け合意書・売買予約契約を交わした。さらに、9月4日、近畿財務局と森友学園側が土壌改良工事価格について交渉している。この9月4日の交渉は、後に安倍首相の関与疑惑についても重要なものなので、後でもう一度ふれることにする。

次いで、2016年3月14日、森友学園が近畿財務局に「想定以上の埋蔵物がある」と報告した。これを受けて、国土交通省大阪航空局は、4月6日、森友学園の埋設物・土壌汚染除去費用1億3176万円を支払い、4月14に同航空局はゴミ撤去費用を8億1900万円と積算した。こうした経過の後、6月20日、財務省の出先機関の近畿財務局と森友学園との間で土地売買契約が行われた。

2016年6月の土地売却時点で、不動産鑑定士が鑑定した当該土地（8770平方メートル）の時価は9億5600万円であるが、土地の埋設されたゴミの撤去費用として8億1900万円などが値引きされ、売却価格は1億3400万円になった。当初、売却額は異例の非公開になっていたが、2017年2月8日に豊中市議が売却額の公開を求めて大阪地裁に提訴し、10日に、学園側の同意が得られたとして近畿財務局が売却額を公表した。

ゴミの撤去費用8億1900万円の根拠は極めてあいまいである。埋設物がある土地の売買では、撤去費用は、複数の専門業者に見積もりを出させて客観的に算出するのが通例といわれる。今回の場合、土地所有者の大阪航空局が費用を算出しているが、売り手である国側が自分で見積もりを出した事例は、全国的にも過去に例がないということである。

「しんぶん赤旗」は、「森友学園と国の闇」という見出しの記事で次のように疑惑を指摘している。

「森友学園への国有地売却の枠組みは、売却価格だけでなく多くの異例ずくめです。役所が知恵を絞り、話をまとめた痕跡が随所にあります。

①国有地は売り払いが原則なのに「買受特約付きの定期借地契約」②貸付期間中に森友学園が行ったゴミと土壌汚染除去工事費用1億3200万円を支払った「有益費返還」③埋設ゴミ撤去費用8億1900万円を値引きしての「売買契約」④本来一括払いの土地代金を10年間に分割⑤原則公開の売買価格を「非公表」―などなど。」（「しんぶん赤旗」2017年2月27日）

売却価格1億3400万円から国が支払ったゴミと土壌汚染除去工事費用1億3200万円を引くと、森友が支払った金額はわずか200万円であり、森友学園は、小学校建設用地としてタダ同然で国有地を手に入れたのである。元経済産業省官僚の古賀茂明は、こうしたことは「『政治の力』なしにはできない」と次のように語っている。

「森友学園の私立小学校認可と国有地売却は、『認可ありき』で大阪府と近畿財務局が懸命にすすめています。普通、官僚はもっと冷たいのです。土地も所有せず、財産も乏しいとなれば、『帰れ』となる。今回の売却手続きは、官僚ならだれでも『むちゃくちゃだ』とわかります。『政治の力』なしに、官僚たちがこんなに必死になって動くわけがありません。」（「しんぶん赤旗」2017年2月27日）

2　2015年9月4日の安倍の不可解な行動

2015年9月4日の午前10時～12時、近畿財務局9階会議室で、森友学園の建設を請け負ったキアラ設計所長・中道組所長と近畿財務局の池田統括管理官・大阪航空局の高見調整係が、埋蔵物の内容、撤去費用（ディスカウント額）について交渉の会合を行っている。この森友学園と国（近畿財務局など）が交渉した日の前日、9月3日午後2時17分、安倍首相は迫田英典理財局長（当時、その後国税庁長官）が財務省の岡本薫明官房長（当時）とともに官邸に入り、10分間、安倍首相となんらかの話し合いをもっている。理財局は国有財産の管理などを担当する財務省の内局、つまり迫田は国有地を管轄する部門の〝最高責任者〟なのであり、森友学園への国有地売却の最高責任者だった。

迫田は安倍首相の地元である山口県下関市の出身で、第二次安倍政権が発足した時、内閣官房内閣審議官だった。そのころから安倍首相から目をかけられていたといわれている。迫田は２０１５年7月に国有地を管轄する理財局長になってから、首相動静に記録されているものだけでも、7月31日、8月7日、9月3日、10月14日、12月15日と、半年の間に5回も安倍首相と会っている。総理大臣が理財局長とこんなに頻繁に会うのは異例のことといわれている。実際、迫田の前任の理財局長・中原広が総理と面談したのは2回だけ、後任の理財局長（当時）・佐川宣寿も２０１７年2月末時点では2回しか安倍首相と会っていない。

迫田は理財局長になる以前、２０１４年7月からの総括審議官時代にも安倍首相と3回面談している。こうした安倍首相と迫田の親密な関係を見れば、迫田は安倍首相の名代として、その意向を反映、もしくは忖度する形で森友学園に便宜を図っていたのではないか、という疑惑は拭えない。無関係ということであれば、国会で証人喚問に応じるべきである。

つまり、安倍首相が国有地を統括する財務省の責任者と会った次の日、大阪でその国有地のゴミ撤去費用の支払いや売却の直接交渉がなされているのである。そして翌9月4日、安倍首相は安保関連法（戦争法）案の大詰め審議中の国会をサボって（これについては参議院の特別委員長が注意をした）、読売テレビの「ミヤネ屋」に出演するために昭恵夫人を伴って大阪に行った。同日の午後4時頃、元公明党幹事長・元国土交通大臣の冬柴鐵三の次男が経営するお初天神の牡蠣料理屋で、安倍首相夫妻は4人の男と会食し、何らかの報告を受けた後帰京した。昭恵夫人は大阪に泊まって、翌9月5日に、瑞穂の國小學院名誉校長に就任して塚本幼稚園で講演した。

この経過について、いくつもの疑問、疑惑がある。第一に、安倍首相と迫田英典理財局長の9月3日の会談の内容は何だったのか？　安倍首相は国会の質問に「NTT株の売却について話をした」と答弁しているが、はたしてそうなのだろうか。何の証拠もない話である。第二に、安倍首相はその翌日に重要な安保法制の審議をおっぽり出して大阪に行きテレビに生出演したのは何故か？　読売テレビは日本テレビと同系列であり、生出演が必要だったとしても、官邸で日本テレビが中継しても可能であるのに、なぜわざわざ大阪に行ったのか？　同日に近畿財務局で行われた森友学園側と近畿財務局・大阪航空局との会合と安倍の大阪行きは関係がないのか？　第三に、牡蠣料理店で安倍が会った4人の男というのは誰なのか、安倍に何を報告したのか？　こうした問題が未だに明らかにされていないのである。

3　森友問題の発端には安倍と松井のこんな事実がある

森友学園問題には、日本会議とも関係の深い日本教育再生機構（八木秀次理事長、以下「再生機構」）の存在がある。「再生機構」の八木秀次理事長（麗澤大学教授）は、安倍首相のブレーンの一人で、首相直属の教育再生実行会議の第1期の委員にも任命されていた（教育再生実行会議は、2015年11月に鎌田薫会長以外のほとんどのメンバーが変わり、第2期が発足し、八木など第1期のメンバーは提言の実施状況を点検する「提言フォローアップ会合」のメンバーとして活動している）。籠池泰典は「再生機構」大阪のメンバーでもある。

八木自身も籠池前理事長と交流があり、森友学園が運営する塚本幼稚園で講演を行ったこともある。「再生機構」が2017年3月19日に開催した「シンポジウムin芦屋」のパネリストの中に籠池長女の町浪《ちなみ》（塚本幼稚園の教頭・当時）が瑞穂の國記念小學院開校準備室長の名前で出演する予定だった。森友問題が国会やメディアなどで取り上げられたために、この出演は取りやめになったという。「教育勅語を園児に暗唱させる塚本幼稚園は教育再生機構にとって〝モデル校〟のような存在なのだ」と『日刊ゲンダイ』（2017年3月11日）も指摘している。

育鵬社教科書をつくり採択活動をしている「再生機構」は2012年2月21日、『13歳からの道徳教科書』出版記念のつどいを開催した。この図書は、「再生機構」がつくった「道徳教育をすすめる有識者の会」（代表世話人・渡部昇一上智大学名誉教授＝故人）が編集し、「再生機構」が育鵬社から2017年に検定申請するつもりだった中学校道徳教科書のパイロット版と称するものである。この「つどい」で安倍晋三は、元内閣総理大臣の肩書きで来賓代表挨拶を行った。

「新しい教育基本法（平成18年）は、安倍政権で約60年ぶりに改正したのですが、その第一の（教育の）目標には、わが国の国民の育成につとめるとともに『道徳心』をはぐくむことを書き込みました。法改正の『一丁目一番地』には、道徳教育の充実が掲げられています。つまり、『わが国と郷土を愛し』、文化と伝統を培うとともに、われわれ大人は道徳をきちんと教える責任があります。

例えば、国旗国歌に対して、起立し斉唱するのは、私は、当たり前だと思います。大阪維新の会ではないが、斉唱を拒否する先生が、3回も連続で違反すれば免職になるのは、仕方がないのではないでしょうか。卒業式や入学式は、子供たちにとって、一生に一度の思い出です。一人でも守らない先生がいれば、台無しになります。最高裁は先日（2月9日）『戒告』までしかできないとする判断を出しましたが、私は間違っているのではないかと思います」（「再生機構」機関誌『教育再生』2012年3月号）

この出版記念のつどいの5日後の2月26日、「再生機構」は大阪で「教育再生民間タウンミーティング」を開催した。この集会に、安倍晋三議員はパネリストとして出演し、松井一郎大阪府知事、八木秀次「再生機構」理事長と共演し、安倍と松井知事がはじめて結びついた。森友学園が小学校開設に動きだした一つのきっかけはこの2012年2月26日集会ではないかと推測される（籠池もこの集会に参加していた）。

この集会で松井知事は、「安倍先生が教育基本法を改正されたのと同じですが、今はあまりにも政治が教育から遠ざけられています」。大阪府議会に提案している教育行政基本条例案は「教育の目標や目的を…（略）…知事や首長が定める方向になっています」などと述べた。これを受けて、安倍は次のように主張した。

「教育基本法を改正したことについてですが、日本が占領時代に様々な法律や体制が作られ—憲法も、旧教育基本法もそうです—、戦後、この長く続いてきた体制や精神を含めて、私は『戦後レジーム（体制）』と呼んでいますが、この『戦後レジーム』から脱却しなければ、日本の真の独立はありえないというのが、私の信念です」

「旧い教育基本法は立派なことも書いてありますが、日本の教育基本法でありながら日本国民の法律のようには見えません。日本の『香り』がまったくしないのです。まるで『地球市民』をつくるような内容でした」

「しかし、新・教育基本法は、人格の完成とともに日本のアイデンティティを備えた国民を作ることを『教育の目標』に掲げています。その一丁目一番地に『道徳心を培う』と書きました。伝統と文化を尊重し、郷土愛、愛国心を培うことを書きました。関連法も改正し、教員免許更新制や、指導が不適切な教員の免職も含めた人事の厳格化も行い、頑張った先生が評価される『メリハリのある人事評価』をめざしました。主幹教諭・指導教諭を付けて校長・教頭だけだった管理職も増やしました」

「維新の会の条例は、（教育基本法の）法改正と方向性が一致していると思います。〝教育委員会が役割を果たしていない〟という点でも、大きな問題提起をしています。あらゆる批判をものともせずに進めている。ある意味、閉そく状態にあった教育現場に風穴をあけるという大きな意義があると、私は評価しています」

大阪の条例のように首長が教育に介入できるようにすることを重要だと主張し、その具体例として横浜市での育鵬社教科書採択をあげて次のように主張した。

「その意味で、横浜市で育鵬社中学教科書が採択されるのは本当に驚くべきことです。首長が相当の覚悟で教育委員を選んで、教育委員一人一人が全部の教科書を読み込んで、事務局に対抗しないといけない。議論して説得できる教育委員に変えていくことができれば、現在の制度でも（育鵬社採択は）不可能ではありません。そういう地域もあります」（この安倍の主張を取り入れて、橋下徹市長の強い「覚悟」の下で大阪市は2015年に育鵬社教科書を採択した）

そして、松井知事が「（自民党が）目指す方向は我々と同じだと思います」といったのに対して、安倍は「条例を作成することによって（60数年続いた）戦後の岩盤のような体制を崩していく役割を担ってほしい」といい、八木は「このシンポジウムによって、条例は『戦後レジームからの脱却』の〝大阪版〟であることが確認できたともいます」と、条例の意義と役割をまとめた（『教育再生』2012年4月号）。

以上のように安倍は、当時、大阪市議会で審議されていた「国旗国歌起立条例案」、大阪府議会で審議中の「教育行政基本条例案」について、これを支持する意見を述べた。安倍は、大阪の教育基本条例案は06年教育基本法と方向が同じ、教育基本法を地域で具体化するものだと称賛した。この集会で、安倍と松井知事は壇上で固く握手して、自民党と維新が連携して「教育再生」政策を進めることを確認した。

当時、大阪市と大阪府の自民党議員団は「国旗国歌起立条例案」「教育行政基本条例案」に反対していたが、この安倍発言の直後に賛成にまわり、「教育行政基本条例」には「愛国心」を盛り込む修正で2012

年3月23日に可決された。安倍は、この大阪教育行政基本条例は安倍教育改革を具体化、推進するものとして、松井知事と連携して進めることを約束したのである。

この日は、昼間のシンポジウムだけでなく、夜の「居酒屋会談」でも盛り上がった。その様子を『日刊ゲンダイ』が次のように伝えている。

「1回目の総理大臣を辞めた後、失意の安倍さんを大阪に招いたのが維新の遠藤敬・現国対委員長だったんですわ。当時、会長をやっとった『日本教育再生機構大阪』のシンポジウムに呼んだんです。２０１２年2月26日のシンポジウムで安倍さんと対談したのが松井知事で、シンポ後の居酒屋会談でも教育再生について熱心に話し合い、すっかり意気投合した。僕らの間では、今も〝歴史を変えた伝説の２・26会談〟いうて語り継がれてます。その後も会合を重ね、12年の自民党総裁選に負けたら、安倍さんが党を割って維新と合流する構想まで持ち上がっていた。維新の側は代表の座を空けて待っとったんですわ」（維新関係者）（『日刊ゲンダイ』２０１７年3月11日）

ここに出てくる維新の遠藤敬は、元堺高石ＪＣ理事長、「再生機構」評議員、同大阪会長である。「再生機構」は、２０１２年12月の総選挙で「日本教育再生機構議員」が5人誕生したと報じたが、その一人がこの遠藤議員である。

さて、この大阪教育行政基本条例の内容は、森友学園で行われていた教育を大阪府の全小中学校で実施することをめざしたものといえる。安倍や松井は、この条例を実施していくモデルとして森友学園・籠池に白羽の矢を立てたのではないかと推測される。松井大阪府知事が私立学校の認可基準を変えたのはこの直後である。森友学園が小学校開設をめざすのはこの直後からであり、学校用地を探し始めたのはこの1年後の２０１３年からである。安倍と松井知事は、２００６年教育基本法、大阪教育行政基本条例を具体的に実行するモデル学校として、森友学園を考え、塚本幼稚園が行っている教育を小学校でも実行するものとして瑞穂の國記念小學院の設置・開校を全面的にバックアップしてきたのではないだろうか。

だから、籠池は「瑞穂の國記念小學院」の認可申請の取り下げを発表する２０１７年3月10日の記者会見で、同小学校設立は「天からのミッション（使命）」とよび、3月16日に参院予算委員会の委員が、豊中市の小学校建設予定地を調査に訪れた時、籠池は山本一太委員長らに「この学園を作ろうとしたのは皆さんのご意思があってこそ。その中には安倍首相の寄付金も入っている」（安倍の寄付金については後述）と述べた。籠池が言う「天からのミッション」の「天」や「皆さんのご意思」の「皆さん」とは何か、誰を指しているのか。筆者はこの節で述べたような経過から見て、安倍首相や松井知事など日本会議・「日本会議議連」などのことだとみるのが自然だと考える。

前記の『日刊ゲンダイ』も同様の見方をして次のように報じた。

「教育再生機構と日本会議、森友学園、維新の会、安倍政権は一本線でつながる。というより、ほとんど一体化していると言っていい。

「日本会議と二人三脚で進めてきた安倍首相の教育改革が目指す将来像が、森友学園が新設予定だった〝安倍晋三記念小学校〟だということです。維新もその方針に共鳴してきた。全国に先駆けて『国旗国歌条例』を制定した大阪には、安倍首相と共通する意思、思想も浸透している。もし問題が発覚しなければ、小学校は4月に開校し、やがては中学校もできたかもしれない。安倍首相が教育改革でやろうとしていることを、教育再生機構と森友学園はひと足先に大阪で具現化しようとし、それを応援した人たちがいる。土地取引や認可の過程で、たとえ直接的な働きかけをしていなくても、安倍首相の問題に違いありません」（政治学者・五十嵐仁氏）

この政権だから、起きるべくして起きた事件なのだ。」（『日刊ゲンダイ』２０１７年3月11日）

4　森友学園・塚本幼稚園の異常な偏向教育の実態

「瑞穂の國記念小學院」の設立をめざした籠池泰典前理事長とは何者なのか。

籠池は、1953年に香川県で生まれ、1976年に関西大学を卒業し、奈良県庁に就職している。3年後の1979年に森友諄子と結婚し、県庁を退職して義父・森友寛が経営する塚本幼稚園の副園長になった。森友寛は1995年に死去し、籠池夫妻は、寛が1982年に開園した開成（南港さくら）幼稚園と塚本幼稚園の2つの経営を引き継いだ（開成幼稚園は保護者とのトラブルで2014年に休園になっている）。籠池は、2010年4月に保育園「肇國舎高等森友学園保育園」を開園している。

森友学園が経営する塚本幼稚園の偏向教育は異常である。その一部を紹介する。

幼稚園の玄関には教育勅語が飾られ、毎朝の朝礼で、園児に日の丸の前で「教育勅語」や「五箇条の御誓文」を斉唱させ、「君が代」を斉唱させる。その他、「日の丸行進曲」や「愛国行進曲」、「海ゆかば」などの軍歌も斉唱させている。年に1回伊勢神宮に泊まりがけの参拝をさせている。さらに、自衛艦の入港など様々な自衛隊の行事に園児を参加させ、「軍艦マーチ」などを演奏させている。極めつけは、2015年10月の塚本幼稚園の運動会での次のような「宣誓」を園児たちが唱和したことである。

「おとなの人たちは、日本がほかの国々に負けぬよう、尖閣諸島・竹島・北方領土を守り、日本を悪者として扱っている中国、韓国が心改め、歴史教科書で嘘を教えないようお願いいたします。安倍首相、ガンバレ！　安倍首相、ガンバレ！　安保法制国会通過よかったです！　僕たち、私たちも、今日一日パワーを全開します。日本がんばれ！　えいえいおー！」

幼稚園児が教育勅語の内容や「宣誓」で叫んだような内容が理解できるとは思えない。それを暗唱させるのは洗脳教育以外の何ものでもないだろう。森友学園は、開設する小学校は校内に神社を造り、日本で唯一の神道系小学校で、日本の文化や伝統、歴史を学ぶことによって愛国心を育むことを教育理念としているということである。

塚本幼稚園に学んだ子どもが、街を歩いている時に、他の旗（日の丸ではない）が飾ってあるのを見て、突然、直立して「きょういくちょくご、チンおもうに……」と始めてびっくりしたというお母さんの話や、テレビに安倍首相が映ったら子どもが「安倍首相ばんざい！」と叫んだというお母さんの話もある。２０１６年まで塚本幼稚園に子どもを通わせていた母親は次のように語っている。

「まだ幼く、言葉もおぼつかないのに教育勅語の暗唱はできるようになった。最初に歌えるようになった歌は「君が代」です。心配になりました」

これはもう、教育ではなくて洗脳、刷り込み、マインド・コントロールである。戦前、戦中の子どもたちも、こうした洗脳によって、「軍国少女」「軍国少年」にされ、戦場に駆り出されたのである。

籠池は、教育の目的として「国民国家に貢献する人材の育成」を掲げ、現在の公教育を「勉強はできても国家観はズタズタになり反日の人間になり得る」と批判し、だから塚本幼稚園で学んだ「教育勅語的精神に基づく人格形成」を引き継ぐ小学校が必要なのだと、幼稚園のホームページに書いている。同小学校の建設現場に貼られていた生徒募集のポスターには、教育勅語が書かれていたという。同幼稚園では、「よこしまな考えを持った在日韓国人や支那人」などという差別表現（ヘイトスピーチ）を含む文書を保護者に配ったこともある。同幼稚園では、しつけと称して児童虐待も行われていたという報告もある。

学園の籠池泰典前理事長は日本会議大阪の運営委員であり、妻で副園長の諄子も日本会議の女性部の日本女性の会大阪の幹部である。幼稚園の保護者には日本会議が推進する「憲法改正に賛同する」一〇〇〇万署名への協力が呼びかけられている。森友学園の幼稚園教育や開校を目指す小学校での教育は、日本会議の教育方針の具体化といっても過言ではない。

そして、前述のように、この森友学園の教育は、安倍政権がすすめる「教育再生」政策、「特別の教科道徳」による道徳の教科化と次期学習指導要領がめざす教育を先取りしたものである。森友学園問題が国会やメディアで追及されるようになると、安倍首相・安倍政権は森友疑惑にふたをし、森友学園・籠池を切り捨てようとしているが、安倍「教育再生」政策は、森友学園の教育を全国の学校で実現することをめざしていたのではないか。そのことは、第一次安倍政権の時に設置された、政府が優秀だった教師らを表彰する「文部科学大臣優秀教員表彰」で塚本幼稚園の教員1名が2016年に表彰され（この年の表彰は11名だけ）、表彰された同幼稚園の教員は3名になった。これまで表彰された幼稚園関係者は全国累計で14名であり、森友学園の教育を文科省（安倍政権）が高く評価していることの証左である。国の表彰ということでは、籠池泰典園長は2016年10月に防衛大臣賞を受賞している。この時の防衛大臣は稲田朋美である。

5　森友学園・籠池泰典と安倍首相・昭恵夫人の深い関係

小学校設立に向けて2014年に園児の保護者などに1口1万円の寄付を呼びかけたが、その時の名称は「安倍晋三記念小学校」と書いていた。当初、籠池は昭恵夫人を通じてこの名前にすることをお願いして内諾を得ていたと述べていた。2014年に昭恵夫人が幼稚園を訪問した時、籠池園長（当時）が園児に「安倍首相ってどんな人ですか？」と問いかけ、「日本を守ってくれる人」と答えると、昭恵夫人は「ありがとう。ちゃんと（安倍首相に）伝えます」と感動したという。その昭恵夫人がこの小学校の名誉校長に就任している（国会での追及を受け安倍首相は、2017年2月24日の国会で「妻は名誉校長を辞任すると申し入れた」と答弁した）。

しかし、安倍首相はこの問題が国会で取り上げられた当初、2月17日の衆議院予算委員会で、「私の考えに非常に共鳴している方だ」「妻から（籠池）先生の教育に対する熱意はすばらしいと聞いている」と答弁していた。ところが、森友学園問題がメディアで報じられはじめ、国会でも追及を受けるようになると、わずか一週間後の2月24日の衆議院予算委員会で「（籠池氏は）非常にしつこい」「教育者の姿勢としていかがなものか」などと、「籠池切り捨て」に露骨に動きはじめている。

昭恵夫人はこれまで塚本幼稚園で２０１４年４月、２０１４年12月、２０１５年９月に３回講演している。２０１４年12月は総選挙の真最中であったが、昭恵は「全てのスケジュールはキャンセル」しながら、「唯一そのまま伺うことに」（フェイスブック）した塚本幼稚園で「ファーストレディとして思うこと」と題して講演した。さらに、安倍首相も講演する予定があったが総選挙になったために実現しなかったという。安倍夫妻の森友学園・塚本幼稚園への異常ともいえる思い入れがうかがえる。

２０１７年３月１日のＦＮＮニュースは「２０１４年４月、昭恵夫人が、渦中の森友学園が運営する幼稚園を訪問した時の映像を入手した」として、次のように報じた。

「２０１４年４月、森友学園が運営する幼稚園で、園児たちが、「日本国、日本国民のために活躍されている安倍晋三内閣総理大臣を、一生懸命支えていらっしゃる昭恵夫人、本当にありがとうございます。ぼくたち・わたしたちも頑張りますので、昭恵夫人も頑張ってください」と話すと、安倍昭恵夫人は「感動しちゃいました」と話していた。

子どもたちの言葉に、涙を見せる女性、安倍首相の妻・昭恵夫人。その隣には、森友学園の籠池泰典理事長の姿もある。

籠池理事長「中国から、何？　言って」

園児「中国から鉄砲とかくるけど、ぜったい日本を守ろう」

籠池理事長「安倍総理大臣を応援してあげてくださいよ！」
園児「はい！」
昭恵夫人「ありがとう。おうちに帰って安倍総理大臣に伝えます。みんなを守りますように、みんながそう言っていたことを伝えます」
籠池理事長「うれしいですか？」
園児「はい！」
籠池理事長の話は、さらに。
籠池理事長「『日本を守ってください、お願いします』と、昭恵夫人にきちんと伝えてください」
園児「日本を守ってくださいね」
昭恵夫人「ちゃんと伝えます。ありがとう」
昭恵夫人は、満面の笑みを見せた。
そして、子どもたちと集合写真を撮っていた。
昭恵夫人は前述のように、2015年9月4日に安倍首相と一緒に大阪に行き、翌5日に塚本幼稚園を訪れ、瑞穂の國記念小學院の名誉校長を引き受けて講演した。
9月5日、名誉校長の名で行った講演では、「こちらの教育方針は大変、主人も素晴らしいと思っている。（卒園後）公立小学校の教育を受けると、せっかく芯ができたものが揺らいでしまう」と、公立学校の教育内容に否定的な発言をし、だから、塚本幼稚園の洗脳教育を続けるためにも小学校をつくるのだと、その意義を語っていた。
昭恵は名誉校長として次のように挨拶している。
「籠池先生の教育に対する熱き想いに感銘を受け、このたび名誉校長に就任させていただきました。瑞穂の國記念小學院は、優れた道徳教育を基として、日本人としての誇りを持つ、芯の通った子どもを育てます。そこで備わった「やる気」や「達成感」、「プライド」や「勇気」が、子ども達の未来で大きく花開き、其々が日本のリーダーとして国際社会で活躍してくれることを期待しております」

6 安倍首相・昭恵夫妻の関与は否定できない

安倍首相は2017年2月17日の衆議院予算委員会で次のように答弁した。

「私も妻も一切、認可にも国有地の払い下げにも関係ない。私や妻が関係していたということになれば、私は間違いなく、首相も国会議員も辞める」

このように安倍首相は大見得を切ったが、その後の経過は間違いなく安倍夫妻が関係していることを裏付けている。

籠池泰典理事長（当時）は、2017年3月23日の証人喚問で参院予算委員会、衆院予算委員会で、安倍首相夫妻がこの問題に深く関係していることを証言した。すでにその多くはマスメディアによって報道されているので、ここでは、要点だけを書いておくことにする。

籠池は、2015年9月5日、塚本幼稚園で講演した際に昭恵夫人から「安倍首相から」として100万円の寄付金をいただいた、と証言した。その様子は、参院予算委員会での冒頭発言と議員との質疑から次のようなものである。

「9月5日、講演の控室として利用していた園長室で対面したときに、昭恵夫人が同行していたおつきの方に席をはずすよう言った後、私とふたりきりの状態で、『一人にさせてすみません。どうぞ安倍晋三からです』とおっしゃって、寄付金として封筒に入った100万円を下さった。昭恵夫人は覚えていないと言っているようですが、私たちには大変名誉な話なので、鮮明に覚えている」「頂く前は秘書（政府職員）も私の家内も同席していたが、お人払いをされたので、秘書が出て、私の家内も他の事柄で退室し、そこで頂いた。土曜日だったので、100万円ということを確認して、金庫に入れた。月曜日に近くの郵便局へ参った」「この時、講演の謝礼として10万円を渡した。昭恵夫人は講演会後、急いで帰られる用事があったので封筒に金子を入れ、菓子箱とともにお渡しした」。

これに対して昭恵夫人は、フェイスブックで、「記憶にない」と100万円の寄付も謝礼に10万円もらったことも否定しているが、寄付金が事実でないならフェイスブックではなく、籠池と同じ土俵の国会喚問に応じて証言すべきだろう。「記憶にない」などの反論よりも、籠池の証言の方がより具体的で臨場感があると多くの人が見ているのではないか。

この、100万円を渡す時に昭恵夫人が「一人にさせてすみません。どうぞ安倍晋三からです」といったのはどういう意味だろうか。筆者は、「人ばらい」をして一人にした、ということだけではなく、2006年教育基本法を具体化する「モデル校」づくりは安倍首相や松井知事がやるべきなのに、籠池一人だけにやらせてすみません、といって、せめて開校資金の一部を寄付すると安倍首相が100万円を昭恵夫人を通じて籠池に渡した、ということではないかと推測している。前述の大阪でのタウンミーティング以後の流れをみれば、そのように考えるのが自然ではないだろうか。

籠池は次のようにも証言した。

「この問題が国会で議論されるようになってから、私の妻のところに昭恵夫人から、『主人にとって大変なことに巻き込まれたということもご理解いただきたいと思います』とか、『私が関ったということは裏で何かがあるのではと疑われないように』という口止めとも取れるメールが届いた」

籠池は、昭恵夫人付きの政府職員・谷査恵子が籠池に送ったファックスも明らかにした。そのファックスは籠池が財務省に働きかけてほしいと昭恵夫人に送った手紙への回答である。谷は、2015年11月17日、このファックスで、「財務省本省に問い合わせた」「現状では希望に沿うことはできないが、当方としても見守っていきたい」「昭恵夫人にも既に報告した」と回答した。さらに、ファックスでは、森友学園が先行して行った土壌汚染・埋設物処理費用立替金の早期の支払いを国に求めていた問題についても回答している。

このファックスについて、政府・自民党は「ゼロ回答」だとか、谷が個人的にやったことなどと主張して、昭恵の関与を躍起になって否定している。籠池の依頼を受けた昭恵側の迅速な動きは、「森友学園には昭恵氏がついている」という事実を財務省側に知らしめる効果があったといえる。

籠池は参院予算委員会での尋問で、財務省近畿財務局、国土交通省大阪航空局、大阪府との交渉の際に、昭恵が塚本幼稚園に何度も来ていることや小学校の名誉校長に就任していることを、相手側に伝えたと言っている。

さらに、2017年4月28日に民進党（当時）が行ったヒアリングで籠池は、「学園側が公有地の取得要望書を近畿財務局に提出した後の2014年3月、昭恵氏との面会で、『主人にお伝えしますといってもらい、何かすることはありますか、とまで言ってくれて、うれしかったことを覚えています』と話した」（「朝日新聞」2017年4月28日夕刊）。財務省との交渉経緯については、その都度、昭恵に報告していた、とも証言している。昭恵にその都度報告していることは近畿財務局の担当者にも伝えていたと証言している。その結果、「（財務局が）突然、それまで後ろ向きだった定期借地に前向きになってくれた」（前記「朝日新聞」）と語っている。

こうした昭恵夫人の関与によって、前述のように国有地がタダ同然で森友学園に売却されたのである。これについて籠池は、3月23日の国会で、「想定外の大幅な値下げにその当時はびっくりした」「神風がふいた」と証言している。

以上のことから見ただけでも、昭恵夫人が深く関与していることは明らかである。安倍首相は国会での答弁通りに首相も国会議員も辞任すべきである。関与していない、100万円も渡していない、というのであれば、堂々と国会喚問に出て証言すべきであろう。種々の詭弁を使って昭恵の証人喚問を拒否し続けている安倍首相と自民党の態度は、ますます疑惑を深めるだけである。私たちは、疑惑の隠ぺいや「トカゲのしっぽ切り」での逃げ切りを許さず、徹底的な真相解明と安倍首相退陣を求めていく必要がある。

7　加計学園疑惑は「第二の森友学園問題」

森友学園の疑惑はまだ解明されていないが、「第二の森友学園問題」といわれる、安倍首相に関係した重大な疑惑がある。愛媛県今治市が、安倍首相と親密な関係にある学校法人に16・8ヘクタール、36億7500万円相当の土地を無償で提供したうえ、校舎建設費の補助金として今後8年間で計64億円を支払うという問題である。

無償提供される土地は、今治新都市第2地区の高等教育施設用地で、この土地に開設予定なのが、学校法人「加計学園」が運営する岡山理科大学の獣医学部である。

加計学園の獣医学部新設までには以下のような経過がある。

文部科学省や農林水産省は、大学獣医学部の新設を抑制する方針をとっている。これは、獣医師への社会的な需要と獣医師の数とのバランスを図る目的である。文科省は、歯科医師などとともに獣医師養成の「大学等の設置もしくは収容定員増」を認めないと告示している。この文科省や農水省の方針をすり抜けて獣医学部を新設するために、加計学園と愛媛県及び今治市は「構造改革特区」による獣医師養成系大学設置の規制緩和をねらった。

しかし、これに対して日本獣医師会は２０１０年8月に「獣医学教育課程が『特区』に名を借りた『地域おこし』や特定の一学校法人による『大学ビジネス拡大の手段』と化すようなことがあってはならない」と声明して批判した。こうしたことを受けて文科省は、「獣医師養成機能を持つ大学全体の問題として全国的見地で対応すべきで、特区制度で実現することは困難」という理由で、今治市・愛媛県が２００７年から２０１４年まで計15回にわたって出した特区提案は、すべて不採用になった。

ところが、第二次安倍政権が、アベノミクスの「成長戦略」の柱としてうち出した「国家戦略特区」に、２０１５年６月、今治市と愛媛県が共同で「国際水準の獣医学教育特区」を提案した。この「国家戦略特区」に今治市・愛媛県が大学獣医学部の新設を提案してからわずか３週間後の２０１５年６月30日、安倍内閣は「日本再興戦略」改定を閣議決定し、その改定内容に「獣医師養成系大学・学部の検討」を盛り込んだ。こうして、52年ぶりの獣医学部新設の解禁が安倍政権の方針となった。そして、２０１５年12月の国家戦略特別区域諮問会議（議長・安倍首相）で、今治市を含む区域を全国で10番目の国家戦略特区に決定した。次いで、２０１６年11月、同会議は「獣医学部設置」についての制度改定を決定した。こうして、安倍政権によって従来の獣医学部新設を抑制する方針が覆された。

これに対して、日本獣医師会は「半世紀にわたる獣医学教育の国際水準達成にむけた努力と教育改革に全く逆行するもの」と11月26日付けの会長通知で抗議したが、安倍政権はこれを無視し、２０１７年１月、政府は今治市の国家戦略特区に新設する獣医学部の認可申請を受け付ける特別措置を告示し、わずか８日間の期日中に申請したのは加計学園のみだった。こうして、同年１月20日の国家戦略特別区域諮問会議で、加計学園を実施主体とする獣医学部新設が、安倍首相によって認定されたのである。安倍首相は同会議で次のように成果を誇示する発言を行った。

「１年前に国家戦略特区に指定した今治市で、画期的な事業が実現します」「獣医学部が、来年にも52年ぶりに新設され、新たな感染症対策や先端ライフサイエンス研究を行う獣医師を育成します」（「しんぶん赤旗」２０１７年3月13日）

これについて、今治市選出の福田つよし愛媛県議会議員は次のように述べている。

「安倍首相に近い学校法人が今治市の土地をタダで手に入れ、しかも校舎の建設費や整備費まで市が負担するという。その額はなんと２４３・５億円と計上されています。規制の厳しい獣医学部が国内で新設されるのは52年ぶりですが、２０１６年１月に今治市が国家戦略特区に３次指定されたことで可能になった。今治市を獣医学部の新設が認められない構造特区から国家戦略特区に変え、加計学園が参入できるようにしたのです」（「日刊ゲンダイ」２０１７年３月４日）

安倍首相が米国留学時代に学園の加計孝太郎理事長と親しくなり、30年来の親友で、安倍首相は加計孝太郎を「腹心の友」（「心から信頼できる者。どんな秘事でも打ち明けて相談することができる者」＝広辞苑）と呼んでいる。二人は頻繁に食事やゴルフを楽しむ仲である。第二次安倍政権になって以降、新聞の「首相動静」に12回も加計孝太郎の名前が登場する。昭恵夫人も交えて会うこともある。

加計学園が運営する千葉科学大学が２０１４年5月24日、千葉県銚子市内で開いた開学10周年式典に安倍首相が来賓として出席し、「どんな時も心の奥でつながっている友人、私と加計さんもまさに腹心の友だ」と祝辞を述べた（「千葉日報」２０１４年5月26日）。「首相が防衛大学校以外の大学の式典に出席するのは異例のこと。森友学園の籠池理事長より、はるかに懇意なのは間違いない」と前記「日刊ゲンダイ」は指摘している。

この他にも、２０１１年11月19日の加計学園創立50周年記念式典に来賓として出席し、「元首相」の肩書きで挨拶した（加計学園紙「ＫＥＴＨＹ」２０１２年1月20日号）。また、加計学園が運営する岡山理科大学の教育学部開設祝賀会（２０１６年5月26日）にはビデオメッセージを寄せるなど、学園の行事にも参加を繰り返してきた。

前述の「首相動静」によれば、「2016年中に確認できただけでも▽山梨県富士河口湖町の焼き肉店で会食（7月22日）▽山梨県山中湖のゴルフ場でゴルフをプレー（8月11日）▽東京・宇田川町の焼き肉店で会食、昭恵夫人も同席（10月2日）▽東京・丸の内のラウンジで会食、昭恵夫人も同席（12月24日）―と、安倍首相夫妻と加計理事長の親密な交際がうかがわれます」（「しんぶん赤旗」2017年3月13日）。ここでも、森友学園同様に昭恵夫人が登場する。

「昭恵夫人は、加計グループの学校法人『英数学館』に『安倍内閣総理大臣夫人』の肩書で、下村文科相（当時）夫人とともにメッセージを寄せたこともある」（前記「日刊ゲンダイ」）が、それだけではない。昭恵夫人は、加計学園が神戸市灘区で運営している認可外保育施設「御影インターナショナルこども園」の名誉園長である。森友学園が新設する小学校の名誉校長として塚本幼稚園で講演した20日後の2015年9月25日、昭恵夫人は、名誉園長就任を記念して同園を訪れて保護者ら約60人を前に講演した。

以上のように、加計学園理事長と安倍夫妻の関係は森友学園との関係よりもきわめて深いのであり、こうした面から安倍首相が、岡山理科大学獣医学部新設に重要な関係があることは容易に推測される。前述のように国内の獣医学部の新設は、通常の方法では実現困難だったが、安倍首相が主導する「国家戦略特区」によって関係学会などの反対を押し切り、強引に制度を変更して、加計学園・岡山理科大学獣医学部新設を実現したのである。

なお、加計学園が運営する岡山理科大学附属中学校は、2006年度から日本教育再生機構・「教科書改善の会」が作成する扶桑社版・育鵬社版の歴史教科書を採択し続けている。加計孝太郎理事長は、日本会議や日本教育再生機構ともつながっているといわれている。ここにも安倍首相夫妻と森友学園の関係同様に、日本会議や日本教育再生機構が介在しているのである。

その後、加計学園と安倍首相の関わりを明らかにする新たな事実が判明した。２０１７年5月17日付けの「朝日新聞」は1面トップで、「新学部『総理の意向』」「加計学園計画　文科省に記録文書　内閣府、早期対応を求める」という見出しのスクープ記事を出した。「朝日」は、「安倍晋三首相の知人が理事長を務める学校法人『加計学園』（岡山市）が国家戦略特区に獣医学部を新設する計画について、文部科学省が、特区を担当する内閣府から『官邸の最高レベルが言っている』『総理のご意向だと聞いている』などと言われたとする記録を文書にしていたことがわかった」と報じた。その日の夕刊から、「毎日新聞」「東京新聞」など他紙もこの問題を大きく取り上げ、民進党（当時）、共産党などの野党もこれを国会で取り上げている。それらの報道から見えてくるのは以下のような事実である。

これらの文書は、２０１６年9月～10月に作成されたもので、「獣医学部新設に係る内閣府からの伝達事項」という題名の文書には、「平成30年（２０１８年）4月開学を大前提に、逆算して最短のスケジュールを作成し、共有いただきたい」と記載。そのうえで「これは官邸の最高レベルがいっていること」と書かれている。また別の文書には、「（愛媛県）今治市の区域指定時より『最短距離で規制改革』を前提としたプロセスを踏んでいる状況であり、これは総理のご意向だと聞いている」と記されている。

加計学園は、２０１８年4月に獣医学部を開設する計画を進めていたが、文科省はその計画には無理があると渋っていた。それに対して特区を担当する内閣府が文科省に対して「官邸の最高レベルが言っている」「総理の意向」などと２０１８年4月開設の期限を定め、「最短距離での規制改革」を迫ったのである。こうした結果、次のように加計学園の希望＝「総理の意向」通りに事態は進行した。

「国家戦略特区諮問会議（議長・安倍首相）は、『内閣府の回答』の文書に書かれた通り11月9日、獣医学部新設を認める方針を出した。

京都府と京都産業大（京都市）も関西圏特区で獣医学部をつくることを提案していたが、この日の諮問会議で、獣医学部の『空白地域』に限って新設を認めるという方針が示されたため、京産大は断念した。このとき、加計学園が選ばれるレールが敷かれた。

文科省と内閣府は今年1月、２０１８年度開学の１校に限って新設を認める告示をだし、事業主体の公募に加計学園だけが応じた」（「朝日新聞」「時時刻刻」２０１７年5月18日）。

まさに絵にかいたような「お友達優遇、利益誘導劇」である。

8　森友学園問題と日本会議

森友学園の籠池泰典前理事長は古くからの日本会議会員であり、日本会議大阪府本部の運営委員である。夫人の籠池諄子も日本会議大阪府本部女性部会理事であり、日本女性の会・大阪の幹部である。

籠池は、２０１７年3月23日参議院の証人喚問での冒頭発言「真に日本国のためになる子どもを育てたいという教育者としての思いから瑞穂の國記念小學院を開講できるように頑張ってきた」「『真に日本国を支える人材を育てる小学校』をつくることは今でも私の夢であります」と主張した。また、3月9日にユーチューブに投稿した動画で籠池は、「日本の歴史と伝統に一生懸命旗を振っているのに、国歌君が代を歌う塚本幼稚園や子どもたちを潰そうとしているんじゃないか」「日本の国のために頑張っている。私がやらないと誰がやるんだ」などと息巻いた。

籠池がいう「真に日本国を支える人材を育てる」「日本の歴史と伝統」などは、安倍首相とその政権が推進している教育政策そのものであり、同時に日本会議の教育政策でもある。森友学園のＨＰには、「天皇国日本を再認識」「皇室を尊ぶ」「愛国心の醸成」「日本人精神の育成」「道徳心を育てる」などの言葉が掲載されているが、これらは日本会議が主張し、推進してきたものである。

籠池は、『週刊朝日』の取材に対して、森友の教育と日本会議との関係を次のように述べている。「日本会議の教育理念は私が実践していたのと同じだが、こちらが先にやっていた理念、考えは一致しており、一緒に行動している」(『週刊朝日』2017年3月10日号)

森友学園と籠池は、日本会議の方針を幼稚園教育で実践し、開校をめざした小学校でもそれを推進する予定だったのである。ところが、森友学園問題が国会で追及されメディアで報道されて、多くの人びとが森友学園のやっている教育に関心を持ち、批判やあきれ返った反応が増大すると、日本会議は、「森友学園＝日本会議」ということが知られるとまずいと考え、露骨に「籠池・森友学園切り」をはじめた。

2017年2月末に、『週刊文春』『週刊新潮』が籠池を日本会議大阪の「代表」などと報じたのに対して、日本会議はすぐに反応しHPで「同氏は本会の『運営委員』として名を連ねておりますが、『代表』ではありません」という抗議文を両誌の編集部へ送付したことを明らかにし、さらに、「このたびの土地取得に関して全く関与していない」と釈明した。日本会議の関係者は「森友学園の考えは神道でも保守でもなく、ネトウヨ(ネット右翼)に近い。あれが日本会議の活動と思われるのは心外だ」(「毎日新聞」2017年3月3日)と切り捨てようとしている。

それだけではなく、森友学園はネット上で日本会議の関係者から脅迫のようなメールが届いたことも明らかにした。

「3月17日に日本会議の奈良生駒さんからメールが届き、その中で『日本会議の活動と安倍首相に迷惑を掛け、悲願である憲法改正が出来なくなるようなことをすれば、ただでは済ましませんぞ!!』などと脅迫に近い言葉が掲載されていた」「続けて別のメールで『大阪で嫌われもんになっているくせに、奈良にまでわざわざ遠征してくるな!アホ!!』というような罵倒の言葉も送ってきました」

こうした動きは、明らかに日本会議による籠池・森友切り捨てである。こうした中で、日本会議の田久保忠衛会長は、『週刊朝日』のインタビューで「籠池問題は迷惑」と次のように主張して、籠池・森友学園は日本会議と無関係と斬り捨てた。

「週刊文春が籠池泰典理事長は日本会議大阪代表を務めていると報じたが、日本会議大阪は千家敬麿（よしまろ）さんが議長。こんないわれもなく、問題が日本会議にあるように言われることに千家さんが怒りまくってました。実際、２０１１年１月に籠池理事長は退会届を提出している。もう関係は絶っている。理事長の奥さんは生長の家（信者）で、生長の家がらみの内紛に巻き込まれるのが私は嫌なんだ。日本会議を悪者にして、全部形容詞的に生長の家の田久保と付けるので迷惑だ」（『週刊朝日』２０１７年3月31日号）

しかし、この田久保がいう２０１１年に退会したというのはおかしい。前述のように、日本会議のＨＰにある『週刊文春』『週刊新潮』への抗議文は、2月17日付で日本会議大阪議長の千家敬麿の名前で出されているが、籠池が直接所属する大阪の議長が「運営委員」だと述べている。２０１１年に退会しているなら、抗議文にそのように書くべきなのにそうしていない。問題が大きくなったので6年前に退会した、日本会議とは何の関係もないとしたいのであろう。

田久保をはじめ日本会議関係者は、日本会議は森友学園の教育や活動が「同じと思われるのは心外」と言っているが、これまで明らかにしたように、日本会議は森友学園とまったく同じことをやっているのである。例えば、思想教育・洗脳教育だと批判されている塚本幼稚園児の「教育勅語」唱和と同じことを日本会議もやってきた。その例を以下にいくつか紹介する。

２０１１年2月11日、日本会議鹿児島が開催した「建国記念日を祝う鹿児島県民の集い」で小中校生が教育勅語を奉読している（『日本の息吹』２０１１年４月号）。２０１４年5月10日、日本会議沖縄県本部などによる実行委員会が主催した「祖国復帰42周年記念大会」でも、保育園の園児たちが教育勅語を唱和している。

先にも述べたように、森友学園は日本会議の美しい日本の憲法をつくる国民の会が推進している「憲法改正賛同1000万署名」用紙を保護者に配布して、日本会議の活動に取り組んできた。

拙著『日本会議の全貌』でも紹介したように、日本会議の椛島有三事務総長や中心的な幹部、事務総局を務める日本青年協議会などの中心メンバーは宗教団体「生長の家」の出身者が多い。ところが、生長の家は1983年に路線変更して政治活動から撤退したため、教団から離れた椛島や百地章、高橋史朗、伊藤哲夫など60〜70年代の生長の家の元信者の中心人物たちが「生長の家原理主義運動」を展開するために、2002年頃に「谷口雅春先生を学ぶ会」（谷口雅春は生長の家の創設者）を立ち上げた。この会には衛藤晟一首相補佐官や稲田朋美防衛大臣（当時）などの政治家も参加している。この会は機関誌『月刊 谷口雅春先生を学ぶ』（編集長・百地章日本会議政策委員・日本大学教授）を発刊している。

この『月刊 谷口雅春先生を学ぶ』の2004年5月号に、籠池の妻で副園長（当時）の諄子が登場している。「（諄子は）病気をきっかけに『生長の家』の創設者・谷口氏の『生命の實相』に触れ、積極的に『生長の家』活動に参加するようになったとあり、最後にこう記されている。

〈籠池さんのご主人靖（泰）憲さんは日本会議大阪の代表・運営委員（編集部注で「運営委員」だが「代表」ではないという日本会議のHPを紹介している）や多くの会の役員として、淳（諄）子さんは同女性部会理事として活躍し、ご夫妻ともに、公の場においてかけがえのないそんざいとなっているのである〉」（『週刊朝日』2017年3月10日号）。

先に紹介したような森友学園の洗脳教育はいつごろから始めたのか。学園の設立は1950年と古く、ごく普通の幼稚園だったが、初代の森友實理事長が1995年に死去し、娘婿の籠池泰典が理事長を継いだころから右旋回をはじめたという。「毎日新聞」は次のように書いている。

「過去のインタビューでは、教育勅語暗唱は2000年ごろから。保守派の間で話題となり、安倍昭恵氏など著名人も訪れるようになった。一方で、軍歌を歌わせ、保護者に『よこしまな考えを持った在日韓国人や支那人』などと記載した文書を配って批判されることも多かった」（「毎日新聞」２０１7年3月3日）

森友学園では、右派著名人がたくさん講演している。その講師は、百田尚樹（作家）、曽野綾子（作家）、平沼赳夫（衆議院議員、「日本会議議連」会長・当時）、青山繁晴（参議院議員）、竹田恒泰（政治評論家）、渡部昇一（上智大学名誉教授・故人）、中西輝政（京都大学名誉教授）、櫻井よしこ（ジャーナリスト）、八木秀次（日本教育再生機構理事長）、高橋史朗（親学推進協会会長）、古庄幸一（元自衛官・海上幕僚長）、藤尾秀昭（致知出版社社長）、村上和雄（筑波大学名誉教授）、松浦光修（皇學館大学教授）、田母神俊雄（元航空幕僚長）、中山成彬（衆議院議員）、米長邦雄（元将棋連盟会長・故人）などである。

これらの人物のうち20人が昭恵夫人と共に、森友学園が制作した小学校のパンフレットに顔写真が掲載されている。彼らはほとんどが日本会議関係者であり、これまで森友学園を持ち上げ応援してきた。例えば、青山繁晴は、右翼メディア「チャンネル桜」での自身の番組「青山繁晴が答えて、答えて、答える！」（２０１１年3月に公開）のなかで、「愛国心と誇りをもった人間に育てるために推薦できる学校はどこか？」という質問に、次のように答えて森友学園を大宣伝した。

「大阪の塚本幼稚園。ここはまったくのフェアな愛国心を育てている幼稚園として推薦できます！」「僕はそこに講演に呼ばれて、バカな僕は『園児に講演するんですか？』と聞いたら『違います、青山さん。父兄に話してください』ってことで、ごく普通の父兄がこられているのに、子どもたちが毎朝、『朕オモフニ』からはじまる教育勅語を熱唱すると。その教育の実をあげておられる塚本学《ママ》園というのを応援します」「何よりも、塚本幼稚園、塚本幼稚園園長、がんばってくださいね！」

ところが、これらの日本会議関係者たちは、手のひらを返したように、「パンフレットの写真は無断使用だ」（八木）などと批判し、森友学園・籠池の切り捨てに動いている。

9　森友・加計学園疑惑で安倍首相夫妻は推定有罪

森友・加計学園疑惑はまだ何も解決していない。解決しないどころか、安倍首相夫妻に対する疑惑はますます深まるばかりであり、幕引きは許されない。この問題はまだ現在進行形であり、この章の最後に、その後の経過と安倍首相夫妻の重大な責任について述べておきたい。

森友学園疑惑

前述のように２０１７年2月17日、安倍首相は「私や妻が関係していたということになれば、総理大臣も国会議員も辞める」と答弁した。その後、佐川宣寿理財局長（当時）は森友側との交渉記録は「廃棄した」と国会答弁した。この安倍答弁と佐川答弁との整合性をとるために、２０１７年2月21日から公文書の隠ぺい、廃棄や改ざんが行われた。昭恵夫人の名前が入った文書、政治家や日本会議の名前が入った文書が廃棄、改ざんされた。

つまり、安倍首相の2月17日の発言を受けて、佐川をはじめとした官僚たちが安倍を守るために、公文書の隠蔽・改ざん・廃棄を行ったのである。この事実は、安倍夫妻が限りなく「黒」であることの証左である。安倍首相の責任は重大であり、国会答弁通りに総理大臣も国会議員も辞任すべきである。

加計学園疑惑

加計学園疑惑については、その後二つの重大な事実が明らかになった。

一つは、柳瀬唯夫首相秘書官の国会答弁が虚偽だと判明したことである。柳瀬首相秘書官は、２０１５年

4月2日に愛媛県と今治市、加計学園関係者と首相官邸で面会した際、加計学園の獣医学部新設を「首相案件」と述べ、官邸からそれ伝えられた「国家戦略特区」担当の内閣府が、認可する文科省に「総理のご意向」と伝えていた。ところが柳瀬は、2017年7月の衆院予算委員会で、この面会について、「お会いした記憶も記録もない」と否定した。多くのことは「記憶にない」といいながら、安倍首相が関与していないことだけははっきり記憶しているという、とてもおかしな答弁に終始した。

ところが、2018年4月10日、面会した愛媛県職員が面談内容を記録した文書が出てきた。それでも、国会に証人招致された柳瀬は、学園関係者にはあったが、愛媛県・今治市の職員に会ったという「記憶はない」と強弁したので、中村時広愛媛県知事は面会時に受け取った柳瀬の名刺（面会日に日付入り）を証拠として公開した。これによって、柳瀬答弁は虚偽だということが明らかになった。

もう一つは、安倍首相の国会答弁がウソだという疑惑がいっそう深まったことである。安倍首相は、加計学園の獣医学部新設を知った時期について、加計学園を事業者に認定した「2017年1月に学園の計画をはじめて知った」と国会で繰り返し答弁していた。それまでに何回も加計孝太郎とゴルフや会食をしながら、学園の計画が一度も話題にならなかったというのは、普通の人間関係では信じがたいことである。ところが、この発言がウソだということが明らかになった。

愛媛県作成の公文書（2018年5月21日に国会に提出）には加計学園からの報告として、2015年2月25日、加計理事長が安倍首相と15分程度面会したと書かれている。その時、加計から獣医学部新設の説明を受けた安倍首相は「新しい獣医大学の考えはいいね」と応じた。この「愛媛県文書」が事実なら安倍首相答弁はウソだということである。

あわてた加計学園側は、2015年2月15日の加計・安倍面談は事実でないことを事実として愛媛県側に伝えたと表明した。さらに、問題が表面化して1カ月もたった6月19日、加計孝太郎が記者会見を行って面会を否定した。この会見は、大阪北部大地震の翌日であり、しかも岡山の地元記者しか会見場に入れないで行われた。しかし、この会見でも、面会の事実を覆す証拠は何も示されず、安倍首相と加計理事長が「会っていない」というのは嘘だと断じざるを得ない。加計の会見は「嘘を嘘で塗り固めた上に、さらに嘘を上塗りしたもの」（前川喜平前文科事務次官）である。

加計学園疑惑はますます深まるばかりだ。安倍首相の責任は重大であり、早期に辞任すべきである。

第7章　日本会議の広告塔・櫻井よしことは何者か

いまや右翼の代表的なジャーナリストとして「超有名人」の櫻井よしこは、右翼的な組織や行事にはどこにでも顔を出している。日本会議と「日本会議議連」のメンバーが多く参加する右翼的シンクタンクの財団法人国家基本問題研究所（２００７年12月設立）理事長（副理事長は田久保忠衛・日本会議会長）をはじめ、右翼的組織に多数参加し、右翼的活動、歴史わい曲（歴史修正主義）活動など、主だった右翼的な動向には必ずといっていいほど櫻井よしこの名前がある。歴史わい曲では特に日本軍「慰安婦」問題には執念を燃やし、後述のように、アメリカの新聞への「慰安婦」否定意見広告の代表呼びかけ人を務めている。安倍政権の誕生によって櫻井の活動はますます多面化し、２０１４年からは中央教育審議会の委員にもなり（２０１６年に任期終了で退任）、天皇の生前退位問題でも「専門家」として有識者会議の意見聴取を受けている。

1　櫻井よしこと日本会議

櫻井よしこが所属する組織や活動は、姉妹編の『日本会議の全貌』に36回も櫻井の名前がでている。その記述をもとに、同書執筆後の事実も含めて、櫻井よしこが関係する組織や活動の主なものを紹介する。

日本会議国会議員懇談会（「日本会議議連」）との関係

櫻井よしこは、「日本会議議連」の「皇室典範改正問題」勉強会で講演（２００２年12月）、「日本会議議連」の「女性宮家」問題、「皇室制度」問題勉強会で講演（２０１３年12月）、議連の総会（２０１３年２月27日）で講演、「皇室制度ＰＴ」の勉強会（２０１４年６月９日）で講演、「日本会議議連」の勉強会（２０１６年８月８日）で「皇室と日本のより良い未来のために」を提言した。

「21世紀の日本と憲法」有識者懇談会（「民間憲法臨調」）開催の公開憲法フォーラム

櫻井よしこは、第2回（２００２年11月３日）フォーラムで発言、第5回（２００４年5月３日）発言、第8回（２００６年5月３日）発言、第9回（２００７年5月３日）提言、第10回（２００８年5月３日）基調講演、衆参議員有志（25人）が結成した超党派の「新憲法制定促進委員会準備会」（古屋圭司座長）と共催した第11回フォーラム（２００９年5月３日）で基調講演し、第12回（２０１０年5月３日）でも基調講演を行った。

こうした実績が評価されて２０１１年秋に「民間憲法臨調」代表に就任し、第14回（２０１２年5月３日）基調講演、15回（２０１３年5月３日）と第16回（２０１４年5月３日）はシンポジストを務めた。第17回（２０１５年5月３日）からは「民間憲法臨調」と「国民の会」が共催しているが、この回は発言、第18回（２０１６年5月３日）は主催者代表挨拶、第19回（２０１７年5月３日）は基調提言を行い、第20回（２０１８年5月３日）も基調提言を行った。

日本会議編集の『最新日本史』（明成社）の執筆者

櫻井よしこは、日本会議の前身の日本を守る国民会議が１９８６年に発刊した高校用検定教科書『新編日本史』（原書房）を引き継ぐ『最新日本史』（明成社）の２０１３年版（２０１１年度検定、２０１２年３月合格、この版から渡部昇一上智大学名誉教授が編集責任者、渡部は２０１７年４月に死亡）の執筆者に参加した。櫻井よしこは歴史の研究者でもないのに、「慰安婦」問題や南京大虐殺を否定する歴史歪曲（歴史修正主義）発言が「評価」されて歴史教科書の執筆者になったと思われる。

美しい日本の憲法をつくる国民の会（「国民の会」）関係

櫻井よしこは、「国民の会」設立総会（２０１４年10月１日）で主催者挨拶、田久保忠衛・三好達と共に共同代表に就任した。「国民の会」のリーフレットにメッセージを載せ、「国民の手でつくろう美しい日本の憲法」と書かれた憲法改正賛同署名推進のポスターに和服姿の写真が載っている。このポスターが初詣の参拝者をねらって署名活動を行った神社などに掲げられた。「国民の会」の「平成27年度総会」（２０１５年３月19日）で基調講演、日本武道館での「今こそ憲法改正を！１万人大会」（２０１５年11月10日）で主催者挨拶、「平成28年度総会」（２０１６年４月６日）で主催者挨拶を行った。２０１７年３月29日の「各党は憲法改正原案の国会提出を！中央大会」で基調提言、２０１７年10月25日の「今こそ、各党は憲法改正原案の国会提出を！国民集会」で基調提言、２０１８年３月14日の「１０００万人達成！憲法改正の国会発議を！中央大会」でも基調提言を行った。さらに、「国民の会」制作の憲法改正ドキュメンタリー映画（ＤＶＤ）『世界は変わった　日本の憲法は？』（製作総指揮・百田尚樹、語り・津川雅彦）を百地章と共に監修した。

日本会議機関誌『日本の息吹』への登場

上記以外でここ数年の日本会議機関誌『日本の息吹』に登場する櫻井よしこの「主な活躍」を紹介する。

櫻井は、２０１３年４月７日の日本会議総会で「憲法改正へ――私たちが心すべきこと」を提言した。

櫻井は、「憲法改正の実現へ！日本会議全国代表者大会」（２０１３年11月13日）で基調提言を行なった。この日本会議「代表者大会」は安倍政権の誕生によって「憲法改正の絶好のチャンスが生まれた」として、日本会議として改憲実現のための意思統一を行う会議だった。日本会議はこの会議の後、１年間の準備をして、２０１４年10月１日に美しい日本の憲法をつくる国民の会を発足させたのである。

２０１５年１月号の「今月の言葉」に「日本の海を守れ！急げ、憲法改正」の見出しで掲載し、２０１５年７月号の「女性論客が語る」「私が憲法改正に目覚めた時」に「日本人の価値と相容れない憲法」のタイトルで発言した。他の「論客」は、中山恭子（参議院議員）、細川珠生（政治ジャーナリスト）である。同年11月号にも登場し「戦後体制の１８０度転換！急げ、憲法改正」と主張している。

さらに、２０１７年９月号では、田久保忠衛と「憲法改正と日本会議の使命」のタイトルで「特別対談」を行っている。２０１７年11月27日の日本会議・「日本会議議連」結成20周年記念大会では「熱意を込めてスピードあげて」と題して提言を行っている。

その他の活動

「平和安全法制の早期成立を求める国民フォーラム」結成（２０１５年８月13日）の呼びかけ人、同日の議員会館での記者会見で設立趣旨を説明。東京都内で開催の「平和安全法制の早期成立を求める」緊急セミナー（９月９日）で安保法制（戦争法）の「早期成立」を主張した。

「永住外国人地方参政権に反対する国民フォーラム」（２０１０年４月17日）の発起人になり、「夫婦別姓に反対し家族の絆を守る国民委員会」（２０１０年３月20日）の呼びかけ人にもなっている。

日本軍「慰安婦」否定の『ワシントンポスト』への意見広告（２００７年６月14日、代表呼びかけ人）、アメリカ・ニュージャージー州の地元紙『スターレッジャー』への同様の意見広告（２０１２年11月６日、代表呼びかけ人）など日本軍「慰安婦」否定の活動で大活躍している。『スターレッジャー』の意見広告には、自民党総裁に当選した安倍が賛同者に名を連ねている。また、第6章で紹介しているように、森友学園塚本幼稚園で多くの日本会議関係者が講演しているが、櫻井よしこもその一人である。

ご覧のように、櫻井よしこは日本会議など右翼の「広告塔」というよりも「エース」として右翼活動の各方面で「大活躍」しているといえる。日本会議との関係では、並みの役員よりも深く活動に関わり、日本会議の方針・政策・要求に多くの提言を行うなど、日本会議そのものといっても過言ではない。

この櫻井が右翼の中で現在のような「地位」を築いたのは、1996年の「言論弾圧事件」からだと思う。筆者は、これについて1997年に出版した『ドキュメント「慰安婦」問題と教科書攻撃』（高文研、97年度JCJ奨励賞受賞）と『教科書攻撃の深層～「慰安婦」問題と「自由主義史観」の詐術』（学習の友社）の中で明らかにしている。その2つの著作をもとに再構成してここに掲載する。

2　櫻井よしこが被害を主張する「言論弾圧事件」とは

櫻井よしこは、1996年10月3日、横浜市教育委員会・教文センター研修室主催の教職員の国際理解を深めるための研修会で講演した。その中で、教育委員会依頼のテーマからはずれて、日本軍「慰安婦」問題について語った。櫻井は、どの教科書にも「従軍慰安婦として朝鮮人女性が強制連行された」と記述されているが、それは間違いなどと発言した。

この講演会の記録によると、櫻井は次のように語っている。

「従軍慰安婦」について、「来年の教科書には強制連行と書いたところと、におわせたところがあるが、いずれもあったとしている」「結論からいうと強制連行ではないというのが私の信念である」（傍点は筆者。以下同じ)。1992年2月に宮沢首相が、1993年に河野洋平官房長官が謝った。「(河野洋平は)外務省が取り寄せた資料を見て謝ったと言っているが、外務省の資料には強制連行はない」「なぜ二人が謝ったのか」「朝鮮人慰安婦強制連行をたどっていくと、吉田(清治)の2冊の本に行き当たる」「多くの知識人が朝日新聞を読む。朝日が間違うから、誤った歴史の見方しかしなくなる。東京裁判も勝利国が敗戦国を裁くというおかしな裁判で、日本人は全て間違いだったというところから出発した」「私の両親と同じ世代のよい人たちが、南京大虐殺や強制連行をするはずがない。私の血の中から疑問を感じた。二つの事件は日本の学校で誤って教えられている。36年間の朝鮮支配は、植民地侵略の何ものでもないが、当時の日本の実態から見ると、半島の奥には中国があり、ロシアがいてやむを得なかった」「日本の植民地支配はフランスやイギリスのやり方ではなかった」「日本人は、朝鮮の人たちを内地化しようとした。光の部分と影の部分を教えていかなければならない」「歴史はそれぞれの国の物語で日本には日本の見方がなければならない。中国と韓国と日本の見方は違う」「日本は自分を責め、自虐的になって亡びようとしている。教科書を使わなくするように文部省を改革する必要がある」「韓国の元慰安婦が訴訟を起こしているが、福島瑞穂さんたちに資料を見せてもらうと、どこが強制連行だったかと思う。一人一人の訴状を見ると、明確な軍の関与がない」「今の時代の価値観で判断してよいのか。強制連行を事実として教えることに問題がある」。

また、この講演の中で櫻井は、元慰安婦などの戦後補償裁判の弁護をしている福島瑞穂弁護士に対して、「あなたはすごく無責任なことをしている」「従軍慰安婦問題について、せめて秦郁彦氏の本や資料などを読みなさい」と話したところ、福島が「ウウンまあ、ちょっといろいろ勉強してみる」と答えたと語った。

櫻井が福島瑞穂と交わしたという会話について、福島は、雑誌『創』1997年4月号で、この「会話は、まったく存在しない架空の虚偽」であることを明らかにし、「虚偽の内容を講演で語られたら聞いている人たちは、『ふん、そんなものか』と思うだろう」と書いている。福島によると、櫻井は講演から2か月後の

12月上旬頃、「うっかり口がすべって」と電話で福島に謝罪したとのことであるが、公には訂正されていない。「全く存在しない『対談』をあるものとして語」り、「存在している歴史的事実をないものとして語る」（福島、前掲誌）櫻井は、ジャーナリストとして基本的資質に欠けると言わざるを得ない。櫻井に対する抗議は正当であり、それを「言論弾圧」にすり替え、非難することこそ問題ではないだろか。

3　櫻井よしこへの「言論封殺」の真相

この櫻井の講演内容について、横浜市の教職員の会や神奈川人権フォーラム、神奈川人権センター（弓削達会長・当時、故人）などが抗議した。櫻井の講演会を予定していた神奈川県三浦市の商工会議所が、神奈川人権センターの「講師再検討」の要請を受けて、1月28日の講演会を中止し、兵庫県播磨町や埼玉県羽生市も櫻井の講師をキャンセルした。これが「言論封殺」といわれている事件の経過である。

櫻井自身が、「朝日新聞」1997年1月22日の「論壇」に「慰安婦問題に欠かせぬ情報公開」を投稿し、「言論封殺を受けている」と主張した。『週刊新潮』2月20日号や『正論』3月号などでもこの問題について発言した。櫻井を支持して、藤岡信勝・東京大学教授（当時）をはじめ西尾幹二・電気通信大学教授（当時）、漫画家・小林よしのり、秦郁彦・千葉大学教授（当時）などが、櫻井への抗議を「言論弾圧」、「言論封殺」だと決めつける議論を展開した。彼らは、抗議している団体・個人をファシストだと誹謗した。また、「読売新聞」は1月31日の「社説」で櫻井を支持して神奈川人権センターを「見逃せぬ《言論封じ》の動き」と批判した。さらに、日本文芸家協会も3月7日、「言論の自由を圧迫する」という非難声明を出し、松浦功法務大臣（当時）までが「調査する」と国会で答弁した。

櫻井は、「産経」（1996年12月3日）へのコメントで、「『人権への配慮が足りない』との批判を受けているのは残念です。私は慰安婦の存在を否定する立場ではありませんし、そのような女性たちに同性として言葉に尽くせない思いを抱いています。ただ『強制連行が軍や政府の基本方針だったのか』という点について、今議論されていることもあり、事実関係を中心に提言したつもりです」と述べている。

また、櫻井は「朝日」の「論壇」で「私の意図はまず事実関係に基づいて考えようという至極当たり前の提言である」、「強制連行、つまり、女性たちの強制的な募集に軍がかかわったことを示すものは、私の知る限り、ない」と書いている。事実関係をはっきりさせて考えようという、ごく当たり前のことをいったのに抗議を受け、講師をキャンセルされた、ということである。

「論壇」や前記雑誌・新聞を読んだだけでは、なぜ櫻井が抗議を受け、「言論弾圧」などという事態が起こっているのか、読者は理解できない。

実は櫻井は、直接抗議の対象になっている講演内容について、「論壇」でもその他でも本当のことを明らかにしていない。講演で櫻井は、慰安婦は「強制連行でないというのが私の信念である」、「私が愛し尊敬する私の両親と同じ世代のよい日本人たちが、南京大虐殺や強制連行をするはずがない。私の血の中から疑問を感じた」という趣旨のことを語っている。「信念」とか「するはずがない」「血の中からの疑問」というのは、事実の検証以前の問題である。櫻井には、事実の解明以前に、「強制連行はなかった」、「南京大虐殺はつくり話」という「血の中から生まれた」「信念」があるようだ。「信念」や「するはずがない」という思い込みは、どんな事実が出てきても変わるものではない。

櫻井は、「日本軍や政府の強制連行によるものだったと具体的に示す資料は今の時点では見つかっていない」と強調している。これは、「慰安婦」問題を強制連行の有無だけにわい小化する、新しい歴史教科書をつくる会の藤岡信勝らと共通した主張である。さらに、強制連行の事実も、朝鮮半島以外では、吉見義明・中央大学教授（当時）をはじめとした研究者らによって、それを示す資料はすでに明らかになっているし、朝鮮半島でも元「慰安婦」の証言で明らかになっている。櫻井は前記のような「信念」のためにその事実に目をつぶり、元「慰安婦」の証言を否定するのである。

櫻井は、「慰安婦にされた女性がいたことは事実」とその存在を認めているが、それは「ビジネス」つまり「売春婦」としての「慰安婦」の存在である（これも藤岡らの主張と同じである）。

櫻井が抗議を受けているもう一つの問題は、朝鮮に対する日本の植民地支配を正当化したことである。櫻井は、「当時の日本の実態から見ると」、朝鮮の植民地化は「やむを得なかった」「日本の植民地支配はフランスやイギリスのやり方ではなかった」「日本人は、朝鮮の人たちを内地化しようとした」などと語った。「内地化する」というのは、名前を奪い（創氏改名）、言葉を奪い（日本語の押しつけ）、朝鮮文化を取り上げ、神社を参拝させ、「皇民化」教育を押しつけたことなどの日本に都合のよい表現である。結局、櫻井の主張は、朝鮮の植民地支配を、よいことをしたと正当化するものに他ならない。

「論壇」などで櫻井は、1944年2月末にジャワ島スマランで抑留所に収容されていたオランダ人女性が、日本軍によって強制連行され慰安婦にさせられた事件をとりあげ、「女性に売春を強要するのは日本軍の統一された方針ではなかったということである。開設後2か月足らずで慰安所は閉鎖されたことがそのことを物語っている」と主張している。

吉見義明は『従軍慰安婦』（岩波新書）の中でこの事件を詳しく紹介し次のように書いている。

「裁判で明らかになった重要な事実の一つは、日本軍司令部が、売春のための強制徴集は戦争犯罪であるという国際法をよく承知していたということである。その設置する際の注意、また事件が発覚すると軍慰安所を閉鎖したことから、よくうかがわれよう。いまひとつ重要なことは、売春を強制してはならないという指示がヨーロッパ系の女性に対しては出されたが、日本人を除くアジア人に対しては出されなかったという事実である。売春強制が犯罪であることを知りながら、それを指示する対象はヨーロッパ系の女性に限られていた。これは戦後に国際的な問題になることをおそれたからである。したがって、日本人以外のアジア人女性についてはこのような配慮ははらわれなかった」「そして、アジア人女性の場合はもちろん、たとえヨーロッパ系女性であっても、事件が明らかになったあとに関係者が処罰されることはなかったのである。ここに、日本軍の慰安婦政策の基本姿勢がはっきりとあらわれている」

つまり、この事件を、「慰安婦」政策が軍の方針ではなかったことの例証と見るのではなく、吉見のようにみることが歴史資料の正確で深い読み方である。この事件に民族差別や軍の「慰安婦」政策の基本姿勢を読みとれないのは、「慰安婦」の強制連行はなかったというのが信念、よき日本人が強制連行をするはずがない、などという先入観と色眼鏡で歴史をみるためである。

櫻井よしこは、この「言論弾圧事件」の前は、水俣病や薬害エイズ問題などをとりあげて活動していたが、筆者が知る限りではそれほど著名なジャーナリストではなかったように思う。ところが、この「言論弾圧事件」以降、「言論弾圧とたたかう女性ジャーナリスト」として一躍有名になり、とりわけ右翼陣営から高く評価されるようになった。

櫻井よしこの「出世物語」は、二つの「ウソ」からはじまったといえる。一つは、抗議を受けた横浜での講演内容について、「慰安婦」発言では事実をゆがめ、植民地支配発言は隠して「言論弾圧」を受けたと主張したこと、もう一つは、福島瑞穂とのなかった会話をあったとウソをいい、福島を貶めたことである。櫻井は日本会議など右翼の広告塔であり、エースとして活躍し、さらに、中教審委員や自ら発足させた国家基本問題研究所の理事長として、国家・政府の政策にも深く関っている。以上のような面からみて、こうした「うそつきジャーナリスト」としての事実を広く知らせていくことが重要になっていると思う。

俵　義文（たわら・よしふみ）

1941年福岡県生まれ。中央大学法学部卒。新興出版社啓林館・東京支社に勤務。その間、出版労連教科書対策部長、同事務局長、教科書検定訴訟を支援する全国連絡会常任委員など。
子どもと教科書全国ネット21代表委員、立正大学心理学部非常勤講師（2016年3月まで）。
主な著書（共著を含む）
『小学校教科書を読む』『中学教科書はどう変えられたか』『検証・15年戦争と中・高歴史教科書』『高校教科書検定と今日の教科書問題の焦点』『教科書から消せない戦争の真実』『教科書攻撃の深層』『ドキュメント「慰安婦」問題と教科書攻撃』『いまなぜ戦争責任を問題にするのか』『南京事件をどうみるか』『徹底検証　あぶない教科書』『ちょっと待ったぁ――教育基本法「改正」』『歴史教科書何が問題か』『教科書から消される「戦争」』『あぶない教科書NO！』『とめよう！戦争への教育――教育基本法「改正」と教科書問題』『教育基本法「改正」のここが問題』『安倍晋三の本性』『「改正」教育法で教育は「再生」できるか』『検定に違法あり！――家永教科書裁判最高裁判決』『徹底批判「国民の歴史」』『徹底批判「最新日本史」』『教科書から消される「戦争」』『家永三郎が残したもの引き継ぐもの』『日中韓共同編集・未来をひらく歴史――東アジア3国の近現代史』『ここが問題「つくる会」教科書』『〈つくる会〉分裂と歴史偽造の深層』『最良の「教科書」を求めて――「教科書制度」への新しい提言』『竹島／独島問題の平和的解決をめざして』『東アジアの歴史認識と平和をつくる力』『文明と野蛮を超えて――わたしたちの東アジア歴史・人権・平和宣言』『育鵬社教科書をどう読むか』『「村山・河野談話」見直しの錯誤――歴史認識と「慰安婦」問題をめぐって』『教科書の国定化か⁉　安倍流「教育再生」を問う』『「慰安婦」バッシングを超えて』『家永三郎生誕100年――憲法・歴史学・教科書裁判』『徹底批判‼「私たちの道徳」道徳の教科化でゆがめられる子どもたち』『軍事立国への野望』『日本会議の全貌――知られざる巨大組織の実態』ほか

〈俵のホームページ〉http://www.ne.jp/asahi/tawara/goma/
〈子どもと教科書全国ネット21〉http://www.ne.jp/asahi/kyokasho/net21/
【連絡先】電話 03-3265-7606

日本会議の野望――極右組織が目論む「この国のかたち」

2018年7月20日　　初版第1刷発行

著者———俵　義文
発行者——平田　勝
発行———花伝社
発売———共栄書房
〒101-0065　東京都千代田区西神田2-5-11出版輸送ビル2F
電話　03-3263-3813
FAX　03-3239-8272
E-mail　info@kadensha.net
URL　http://www.kadensha.net
振替———00140-6-59661
装幀———黒瀬章夫（ナカグログラフ）
印刷・製本—中央精版印刷株式会社

ISBN978-4-7634-0861-7 C0036

資　料

資料1　日本会議組織図

〈政界〉
・日本会議国会議員懇談会（約290人）
特別顧問：安倍晋三、麻生太郎
会長：古屋圭司
＊2つのプロジェクトチーム
（憲法改正、皇室制度）

・日本会議地方議員連盟（約1600人）

連携

日本会議

・会長　田久保忠衛（杏林大学名誉教授）
・副会長　小堀桂一郎（東京大学名誉教授）
田中恆清（神社本庁総長）
・事務総長　椛島有三

専門委員会
・政策委員会
・国際広報委員会
・日本教育会議

・都道府県本部（47都道府県）
・地域支部（255支部）
・日本女性の会県支部（41支部）
・日本会議経済人同志会（93社）
・日本青年協議会

日本会議のフロント組織
・皇室の伝統を守る国民の会
・民間憲法臨調
・民間教育臨調
・美しい日本の憲法をつくる国民の会
・平和安全法制の早期成立を求める国民フォーラム
・永住外国人地方参政権に反対する国民フォーラム
・夫婦別姓に反対し家族の絆を守る国民委員会
など

日本会議は、「日本を守る国民会議」と「日本を守る会」が1997年に統合して結成された。

出典：『季刊社会運動』2018年4月号

資料２　日本会議中央役員

（2017 年 9 月 1 日現在）

顧問

石井公一郎（ブリヂストンサイクル元社長、教科書改善連絡協議会会長）

鷹司尚武（伊勢神宮大宮司）

小松揮世久（神宮大宮司）

名誉会長

三好　達（元最高裁判所長官、美しい日本の憲法をつくる国民の会共同代表）

会長

田久保忠衛（外交評論家、杏林大学名誉教授、新しい歴史教科書をつくる会顧問、美しい日本の憲法をつくる国民の会共同代表）

副会長

小堀桂一郎（東京大学名誉教授）

田中恆清（神社本庁総長）

代表委員

秋本協徳（新生佛教教団最高顧問）

石原慎太郎（作家、元衆議院議員、元東京都知事）

板垣　正（元参議院議員、日本遺族会顧問）

伊藤憲一（青山学院大学名誉教授）

今林賢郁（国民文化研究会理事長）

入江隆則（明治大学名誉教授）

打田文博（神道政治連盟会長）

大石泰彦（東京大学名誉教授）

岡野聖法（解脱会長老）

小串和夫（熱田神宮宮司）

桶屋良祐（念法眞教燈主）

尾辻秀久（日本遺族会会長）

加瀬英明（外交評論家、日本会議東京都本部会長、日本教育再生機構代表委員、新しい歴史教科書をつくる会顧問、自由社社長、史実を世界に発信する会代表委員）

城内康光（元ギリシャ大使、元神奈川県警察本部長、元警察庁長官、元警視総監）

慶野義雄（日本教師会会長、平成国際大学教授）

小堀邦夫（靖國神社宮司）

小堀光實（比叡山延暦寺代表役員）

佐藤和男（青山学院大学名誉教授）

澁木正幸（日本会議経済人同志会会長、株式会社廣建取締役会長）

志摩淑子（朝日写真ニュース社社長）

住母家岩夫（日本会議経済人同志会相談役、電硝エンジニアリング代表取締役社長、NPO 法

人持続型環境実践研究会会長）

関口慶一（仏所護念会教団会長）

千　玄室（茶道裏千家前家元、元特攻隊員）

高城治延（伊勢神宮少宮司）

高橋伸彰（崇教真光管理局長）

竹本忠雄（筑波大学名誉教授）

寺島泰三（日本郷友連盟会長、英霊にこたえる会会長）

冨澤　暉（偕行社理事長）

中島精太郎（明治神宮宮司）

中野良子（オイスカインターナショナル総裁）

長谷川三千子（埼玉大学名誉教授、日本女性の会副会長、NHK 経営委員）

廣池幹堂（モラロジー研究所理事長、麗澤大学前学長、学校法人廣池学園理事長）

保積秀胤（大和教団教主）

丸山敏秋（倫理研究所理事長、日本家庭教育学会副会長、親学推進協会評議員）

監事

加瀬英明（外交評論家、日本会議東京都本部会長、日本教育再生機構代表委員、新しい歴史教科書をつくる会顧問、自由社社長、史実を世界に発信する会代表委員）

澁木正幸（日本会議経済人同志会会長、株式会社廣建会長）

理事長

網谷道弘（明治神宮権宮司、明治神宮崇敬会理事長）

事務総長

椛島有三（元日本青年協議会会長、日本協議会会長）

事務局長

松村俊明（日本会議常任理事）

資料３　日本会議支部一覧

作成：俵　義文（2018年6月25日改訂）

都道府県	支部名	数	女性の会
北海道	上川、十勝、釧路、千歳、恵庭、後志、留萌、土地改良職域	8	○
青　森	青森市、弘前、八戸、三沢	4	○
岩　手	花巻、盛岡	2	
宮　城	仙台、石巻	2	○
秋　田	由利本荘	1	○
山　形			○
福　島	県南、郡山、会津若松、会津	4	○
栃　木	小山	1	○
群　馬	高崎、前橋	2	○
茨　城	水戸、常陸太田、県西、日立、県南	5	○
埼　玉	川口、三郷、吉川、杉戸、春日部、越谷、草加、岩槻、東武東上南部、東武東上北部、狭山地域、日高、所沢、久喜、さいたま、秩父、深谷	17	○
千　葉	市川、東葛北部、船橋、鎌ケ谷、八千代、成田	6	○
東　京	中野、杉並、世田谷･目黒、豊島、墨田、江東、足立、江戸川、千代田･港、板橋、中央（中央区・文京区・台東区）、国立・国分寺、立川、調布、府中、町田、八王子、多摩地区協議会、西多摩、北多摩	20	○
神奈川	横浜、横須賀、川崎、川崎北、相模原、西湘北、湘南東、湘南西、湘南北	9	○
山　梨			○
長　野	中信、南信、北信、東信	4	○
新　潟	長岡、新潟、上越、県央、阿賀北、柏崎、糸魚川、見附、燕・西蒲、佐藤、燕	11	○
富　山			○
石　川	県央、南加賀、南能登、北能登	4	○
福　井			○
岐　阜	羽島市、飛騨、中濃、東濃、可茂	5	○
静　岡	浜松、富士	2	○
愛　知	尾張北、西三河、春日井、一宮、名古屋東、名古屋西、名古屋北、名古屋中、瀬戸、西春日井、知多	11	○
三　重	伊勢、四日市、鈴亀、名張、伊賀、津	6	○
滋　賀	１区、２区、３区、４区	4	○
京　都	京都北部、洛南	2	
大　阪	大阪市、河内、泉州、北河内、中河内、南河内、北摂津、泉州支部堺部会	8	○
兵　庫	中・西播磨、阪神北、摂丹、西宮・芦屋、東播磨、淡路島、北播磨、神戸	8	○
奈　良	奈良北、奈良南、大和	3	○
和歌山	紀南、和歌山	2	○

都道府県	支部名	数	女性の会
鳥　取	中部、境港、東部、西部	4	○
島　根			
岡　山	岡山、玉野、岡山北、津山、真庭、総社、井原、旭、児島、倉敷、岡山東、西大寺、浅口	13	○
広　島	廿日市、福山、三原、呉・江田島、東広島、世羅、尾道、中央、西、安佐	10	○
山　口	周南、岩柳、萩、長門、防府、下関、宇部、美弥	8	○
徳　島	美波、鳴門、松茂、板野、北島、阿南・那賀、徳島第一	7	○
香　川	丸亀、高松、坂出	3	○
愛　媛	南予、松山城北、四国中央、今治、八幡浜、大洲、東温、西城、宇和島、伊予	10	○
高　知	四万十、安芸、高知	3	○
福　岡	中央、北九州、筑豊、県南	4	○
佐　賀	武雄、佐賀、佐賀東部、唐津、伊万里、藤津	6	○
長　崎	西そのぎ、対馬、平戸、佐世保地区、長崎地区	5	○
熊　本	阿蘇、中部、玉名第一、玉名中央、菊池、天草、菊陽・大津、合志、八代、球磨・人吉、荒尾、中部支部上益城分会、中部支部下益城分会、中部支部宇土分会、阿蘇北、阿蘇中、熊本市	17	○
大　分	中津、別府、日田、佐伯	4	○
宮　崎	延岡、県央、えびの	3	○
鹿児島	川辺、日置、曽於、出水	4	○
沖　縄	宜野湾、豊見城、うるま、やんばる、糸満、沖縄南部	6	○
合計		258	

資料４　美しい日本の憲法をつくる国民の会役員

（50 音順・2014 年 10 月 1 日現在）

●共同代表

櫻井　よしこ	ジャーナリスト
田久保　忠衛	杏林大学名誉教授
三好　達	元最高裁判所長官、日本会議会長

●代表発起人

青山　繁晴	株式会社独立総合研究所代表取締役社長
市田　ひろみ	服飾研究家
伊藤　憲一	公益財団法人日本国際フォーラム理事長
呉　善花	拓殖大学国際学部教授
岡崎　久彦	NPO 法人岡崎研究所理事長
小川　榮太郎	文藝評論家
鍵山　秀三郎	日本を美しくする会相談役
葛西　敬之	東海旅客鉄道株式会社取締役名誉会長
桂　由美	一般社団法人全日本ブライダル協会会長
加藤　秀治郎	東洋大学教授
木村　治美	共立女子大学名誉教授
高坂　節三	公益財団法人日本漢字能力検定協会代表理事
神津　カンナ	作家、エッセイスト
桜林　美佐	ジャーナリスト
佐々　淳行	元内閣安全保障室長
すぎやまこういち	作曲家
鈴木　和也	公益社団法人日本青年会議所会頭
千　玄室	裏千家前家元
田中　恆清	神社本庁総長
鳥居　泰彦	慶應義塾学事顧問
中條　高徳	一般社団法人日本戦略研究フォーラム会長
中西　輝政	京都大学名誉教授
長尾　一紘	中央大学名誉教授
西　修	駒澤大学名誉教授
西本　由美子	NPO 法人ハッピーロードネット理事長
長谷川　三千子	埼玉大学名誉教授
百田　尚樹	作家
平川　祐弘	東京大学名誉教授
福田　富昭	公益財団法人日本レスリング協会会長
渕辺　美紀	沖縄経済同友会副代表幹事
船村　徹	作曲家（故人）
細川　珠生	政治ジャーナリスト
舞の海　秀平	大相撲解説者
松尾　新吾	九州電力株式会社相談役

松村　英子		女優、詩人
森本　敏		拓殖大学特任教授、元防衛大臣
柳内　光子		山一興産株式会社取締役社長
山口　昌紀		近畿日本鉄道株式会社取締役会長
尾山　太郎		政治評論家
渡辺　利夫		拓殖大学総長
◎幹事長	百地　章	日本大学法学部教授
◎事務総長	打田　文博	神道政治連盟幹事長
◎事務局長	椛島　有三	日本会議事務総長
◎事務局次長	内田　智	弁護士
◎事務局次長	高橋　美智留	弁護士

出典：リーフレット「美しい日本を子供たちへ」（美しい日本の憲法をつくる国民の会）

資料5　第4次安倍晋三内閣および自民党役員の所属議連一覧

2018年3月1日改訂
俵　義文（子どもと教科書全国ネット21）作成

大臣	氏名	所属の議員連盟など
総理	安倍晋三	歴史、日本（特別顧問）、教科書（顧問）、神道（会長）、靖国、改憲、同盟（顧問）、創生（会長）、拉致（顧問）、「慰安婦」、親学（会長）、人格（最高顧問）
副総理・財務・金融	麻生太郎	日本（特別顧問）、神道、靖国、教基法（顧問）、改憲、同盟、創生（副会長）、拉致（顧問）
総務・女性活躍	野田聖子	日本、教科書、神道、靖国、改憲
法務	上川陽子	神道、改憲
外務	河野太郎	神道、靖国
文部科学・教育再生	林　芳正	神道、靖国、改憲、同盟（事務局次長）
厚生労働・拉致・働き方改革	加藤勝信	日本（副幹事長）、神道、靖国、若手靖国、同盟、創生（元事務局長）、文化
農林水産	斎藤　健	日本、神道、創生（委員）
経済産業・露経済分野・原子力経済被害	世耕弘成	日本、神道、靖国、若手靖国、改憲、同盟、創生（副会長）、反日教組、「慰安婦」（参）
国土交通・水循環	石井啓一	（公明党）
環境・原子力防災	中川雅治	日本（幹事）、神道、靖国、創生（委員）、同盟、反日教組（参）
防衛	小野寺五典	日本、神道、靖国、創生（委員）、人格（顧問）
復興・福島原発再生	吉野正芳	神道、靖国
国家公安・防災	小此木八郎	日本、神道、靖国、創生（委員）、改憲、同盟
沖縄・北方・領土	福井　照	日本、神道、靖国、正しい
経済再生・人づくり	茂木敏光	日本、神道、靖国、改憲
1億総活躍	松山政司	日本（副幹事長）、教科書、神道、靖国、教基法（理事）、同盟
地方創生・行政改革	梶山弘志	日本、神道、靖国、改憲、創生（副幹事長）、拉致
オリンピック	鈴木俊一	日本、神道、靖国
官房長官・沖縄基地	菅　義偉	日本（副会長）、教科書、神道、靖国、若手靖国、改憲、拉致、創生（副会長）

首相補佐官	氏名	所属の議員連盟など
教育再生・少子化・その他の国政の重要課題	衛藤晟一	歴史、日本（幹事長）、教科書（会長代行）、神道、靖国、教基法（副委員長）、改憲、同盟、創生（幹事長）、反日教組、拉致（副会長）、「慰安婦」、正しい（参）
ふるさとづくり推進・農産物輸出	宮腰光寛	日本、神道、改憲
国家安全保障・選挙制度	薗浦健太郎	日本（幹事）、神道、靖国、同盟、創生（委員）、W・P、文化

内閣官房	氏名	所属の議員連盟など
官房副長官	西村康稔	日本（副幹事長）、神道、靖国、教基法（事務局次長）、改憲、創生（副幹事長）、拉致（副幹事長）、親学
官房副長官	野上浩太郎	日本、神道、若手靖国、改憲、同盟（事務局次長）、創生（委員）（参）

副大臣	氏名	所属の議員連盟など
復興	土井　亨	日本（幹事）、神道、靖国、同盟、W・P
復興	浜田昌良	（公明党）（参）
内閣府	越智隆雄	日本、同盟、創生（委員）
内閣府	赤間二郎	神道、靖国
内閣府	田中良正	日本、神道、靖国
総務	奥野信亮	日本（幹事）、神道、靖国、若手靖国、改憲、同盟、創生（委員）、反日教組
総務・内閣府	坂井　学	靖国、W・P、文化
法務・内閣府	葉梨康弘	日本、神道、靖国、改憲、同盟
外務	中根一幸	神道、靖国
外務	佐藤正久	日本（政策副会長）、神道、靖国、創生（委員）、拉致（幹事）（参）
財務	上野賢一郎	日本、神道、靖国、同盟
財務	木原　稔	日本（事務局次長）、教科書、神道、靖国、創生（事務局長）、拉致、W・P、文化（代表）
文部科学	丹羽秀樹	神道、靖国
文部科学・内閣府	水落敏栄	日本、神道、靖国（事務局長）、若手靖国、反日教組（参）
厚生労働	高木美智代	（公明党）
厚生労働	牧原秀樹	日本、神道、創生（委員）、拉致
農林水産	礒崎陽輔	日本（政策副会長）、神道、靖国、改憲、同盟、創生（委員）（参）
農林水産	谷合正明	（公明党）（参）
経済産業	西銘恒三郎	靖国、改憲
経済産業・内閣府	武藤容治	日本、神道、靖国、W・P
国土交通	牧野たかお	神道、靖国、創生（委員）（参）
国交・内閣・復興	秋元　司	日本、神道、靖国、若手靖国、同盟、創生（委員）（参）
環境	渡嘉敷直美	日本、神道、靖国、同盟
環境・内閣府	伊藤忠彦	神道、同盟
防衛・内閣府	山本朋広	日本、神道、靖国、W・P

大臣政務官	氏名	所属の議員連盟など
内閣府	村井英樹	神道、拉致
内閣府	山下雄平	神道、人格（参）
内閣府・復興	長坂康正	日本、神道、靖国、拉致（参）
総務	小倉将信	日本、靖国
総務	山田修路	神道（参）
総務・内閣府	小林史明	日本、神道、靖国
法務・内閣府	山下貴司	日本、神道、靖国、創生（委員）、文化
外務	岡本三成	（公明党）
外務	堀井　学	日本、神道、靖国、文化
外務	堀井　巌	神道、靖国
財務	今枝宗一郎	日本
財務	長峯　誠	神道、靖国、文化（参）
文部科学	宮川典子	日本、神道、靖国、人格（事務局次長）、文化
文科・内閣・復興	新妻秀規	（公明党）（参）
厚生労働	田畑裕明	日本、神道、靖国、文化

厚生労働	大沼瑞穂	神道（参）
農林水産	野中　厚	日本、神道、靖国
農林水産	上月良祐	日本、神道、創生（委員）（参）
経済産業	大串正樹	神道、靖国
経産・内閣・復興	平木大作	（公明党）（参）
国土交通	秋本真利	神道、靖国
国土交通	高橋克法	日本、神道、靖国、創生（委員）（参）
国土交通・内閣府	簗　和生	日本、神道、靖国、文化
環境	笹川博義	日本
環境・内閣府	武部　新	日本、教科書、神道、靖国
防　衛	大野敬太郎	日本、神道、靖国
防衛・内閣府	福田達夫	

自民党役員	氏名	所属の議員連盟など
副総裁	高村正彦	神道、靖国、同盟（副会長）、拉致（顧問）
幹事長	二階俊博	靖国、改憲、同盟（副会長）
幹事長代行	萩生田光一	日本（政策副会長）、教科書（沖縄問題小委員長）、神道、靖国、若手靖国、同盟、創生（前事務局長）、反中国（幹事長）、正しい（幹事長）、人格（副幹事長）、文化
幹事長代理	林　幹雄	日本、教科書、神道、靖国、改憲
幹事長代理	金田勝年	日本、神道、靖国、改憲
幹事長代理	岡田直樹	神道、靖国、創生（事務局次長）、同盟（事務局次長）（参）
筆頭副幹事長 ＊総裁特別補佐	柴山昌彦	日本、神道、靖国、創生（委員）、反日教組
総務会長	竹下　亘	日本、神道、靖国、改憲
政調会長	岸田文雄	歴史、日本、教科書、神道
選対委員長	塩谷　立	日本、神道、靖国、同盟、親学（副会長）
広報本部長	平井卓也	神道、靖国、若手靖国、拉致
組織運動本部長	山口泰明	日本、神道、靖国、改憲、創生（委員）、反日教組
国対委員長	森山　裕	日本、神道、靖国、若手靖国、改憲、創生（委員）
憲法改正推進本部長	細田博之	神道、靖国
参・議員会長	橋本聖子	日本（副会長）、教科書（幹事）、靖国、教基法（副委員長）、親学
参・幹事長	吉田博美	神道、靖国、改憲
参・幹事長代行	関口昌一	神道、靖国、創生（委員）
参・幹事長代理	岡田直樹	神道、靖国、同盟、創生（事務局次長）
参・政策審議会長	愛知治郎	日本、神道、改憲、拉致
参・国対委員長	関口昌一	神道、靖国、創生（委員）
参・国対委員長代行	石井準一	日本、神道、靖国
参・国対委員長代理	西田昌司	日本、神道、靖国、創生（事務局次長）、同盟、拉致、反日教組、正しい、「慰安婦」

※議員連盟の略字の説明
歴史＝自民党歴史・検討委員会
日本＝日本会議国会議員懇談会（「日本会議議連」）、衆参 290 人（2016.12 現在）
教科書＝日本の前途と歴史教育を考える議員の会（「教科書議連」）
神道＝神道政治連盟国会議員懇談会（「神道議連」）、衆参 326 人（2016.5.30 現在）
靖国＝みんなで靖国神社に参拝する国会議員の会（「靖国議連」）、衆参 362 人（2016.5.30 現在）
若手靖国＝平和を願い真の国益を考え靖国神社参拝を支持する若手国会議員の会
創生＝創生「日本」、安倍が会長の「戦後レジーム」からの脱却、改憲をめざす超党派議員連盟（大部分は自民党）で事実上の「安倍議連」。2010 年 2 月 5 日の発足時は 75 人、安倍政権誕生 10 か月後の 13 年 10 月 29 日の総会時に 190 人に。15 年 11 月 28 日に 2 年ぶりに開催した研修会で 190 人の国会議員が加入と発表。
改憲＝憲法調査推進議員連盟（超党派の「改憲議連」）
同盟＝新憲法制定議員同盟（超党派の「改憲同盟」）
教基法＝教育基本法改正促進委員会（自民・民主による超党派議連）
拉致＝北朝鮮に拉致された日本人を早期に救出するために行動する議員連盟（「拉致議連」）
正しい＝正しい日本を創る会
反中国＝中国の抗日記念館から不当な写真の撤去を求める国会議員の会
南京＝映画「南京の真実」賛同者
W・P＝米「ワシントンポスト」への「慰安婦」否定の意見広告に賛同した議員
米抗議＝アメリカ下院の「慰安婦」決議への抗議文に署名した議員
「慰安婦」＝米・ニュージャージー州「スターレッジャー」に「慰安婦」否定の意見広告に賛同した議員
反日教組＝日教組問題を究明し、教育正常化実現に向け教育現場の実態を把握する議員の会
親学＝親学推進議員連盟。高橋史郎が理事長の親学推進協会と連携して 2012 年 4 月に設立
人格＝人格教養教育推進議員連盟。14 年 6 月 10 日設立の超党派議連。道徳の教科化などを推進。70 人。
文化＝文化芸術懇話会。自民党の若手タカ派議員によって 15 年 6 月 25 日の初会合で正式発足。作家の百田尚樹を講師に招いた同日の会合で、マスコミをこらしめるには広告料収入をなくせばいい。文化人が経団連に働き掛けてほしい」「悪影響を与えている番組を発表し、そのスポンサーを列挙すればいい」などの意見が出て、大きな問題になった。
※これらの議連など解説は俵義文ほか共著『軍事立国への野望』（かもがわ出版）又は『安倍晋三の本性』（金曜社）、『日本会議の全貌――知られざる巨大組織の実態』（花伝社）を参照
※参考（数字は人数、比率）

議連等	大臣		首相補佐官	官房副長官	副大臣	政務官	合計	
日本	15	75.0%	3	2	15	15	50	64.9%
教科書	3	35.0%	1	1		1	6	7.8%
神道	19	95.0%	3	2	18	20	62	80.5%
靖国	17	85.0%	2	1	17	16	53	68.8%
創生	10	65.0%	2	2	8	3	25	32.5%
改憲	10	65.0%	2	2	4		18	23.4%
同盟	8	40.0%	2	1	9		20	26.0%
「慰安婦」	1	30.0%	1		5		7	9.1%
文化	1	30.0%	1		2	6	10	13.0%

＊大臣 20 人、首相補佐官 3 人、官房副長官 2 人、副大臣 25 人、政務官 27 人　計 77 人
＊「慰安婦」の集計にはW・Pと「慰安婦」の合計を集計した

資料６　議連所属議員名簿

作成：俵義文、2018 年 6 月 25 日現在

	氏名	選挙区	日本会議 国会議員懇談会	神道政治連盟 国会議員懇談会	みんなで靖国 神社に参拝する 国会議員の会	創生「日本」
自民党衆議院	あかま二郎	神奈川 14 区		○	○	
	秋葉賢也	宮城 2 区				○
	あべ俊子	岡山 3 区		○	○	
	安倍晋三	山口 4 区	○	○	○	○
	逢沢一郎	岡山 1 区	○	○	○	
	赤澤亮正	鳥取 2 区			○	
	あきもと司	東京 15 区	○	○	○	○
	秋本真利	千葉 9 区		○	○	
	麻生太郎	福岡 8 区	○	○	○	○
	穴見陽一	大分 1 区	○	○	○	
	甘利　明	神奈川 13 区	○	○	○	
	安藤　裕	京都 6 区	○	○	○	
	井上信治	東京 25 区	○	○	○	○
	井上貴博	福岡 1 区	○	○	○	
	井林辰憲	静岡 2 区	○	○	○	
	伊藤良孝	北海道 7 区	○	○	○	○
	伊藤信太郎	宮城 4 区		○		
	伊藤忠彦	愛知 8 区		○		
	伊藤達也	東京 22 区		○		
	伊吹文明	京都 1 区	○	○	○	
	今枝宗一郎	愛知 14 区	○			
	池田道孝	比例中国	○		○	
	池田佳隆	比例東海	○	○	○	
	石崎　徹	比例北陸信越		○		
	石川昭政	茨城 5 区		○	○	
	石田真敏	和歌山 2 区		○	○	
	石原伸晃	東京 8 区		○	○	○
	石原宏高	東京 3 区	○	○	○	
	石破　茂	鳥取 1 区	○	○	○	
	稲田朋美	福井 1 区	○	○	○	○
	今村雅弘	比例九州	○	○	○	○
	岩田和親	比例九州	○	○	○	
	岩屋　毅	大分 3 区	○	○	○	○
	うえの賢一郎	滋賀 2 区		○	○	
	江崎鐵磨	愛知 10 区			○	
	江渡聡徳	比例東北	○	○	○	
	江藤　拓	宮崎 2 区	○	○	○	○
	衛藤征士郎	大分 2 区	○	○	○	
	遠藤利明	山形 1 区		○	○	
	小倉將信	東京 23 区	○		○	
	小此木八郎	神奈川 3 区		○	○	○
	小里泰弘	鹿児島 3 区	○	○	○	○

	氏名	選挙区	日本会議 国会議員懇談会	神道政治連盟 国会議員懇談会	みんなで靖国 神社に参拝する 国会議員の会	創生「日本」
自民党衆議院	小田原潔	東京 21 区	○		○	
	小野寺五典	宮城 3 区		○	○	○
	小渕優子	群馬 5 区		○	○	
	大岡敏孝	滋賀 1 区	○	○	○	
	大串正樹	兵庫 6 区		○	○	
	大島理森	青森 2 区	○	○	○	
	大隈和英	大阪 10 区	○			
	大塚高司	大阪 8 区	○	○	○	
	大塚　拓	埼玉 9 区	○	○		
	大西英男	東京 16 区	○	○	○	
	大西宏幸	大阪 1 区	○	○	○	
	大野敬太郎	香川 3 区	○	○	○	
	大見　正	愛知 13 区		○	○	
	岡下昌平	大阪 17 区	○	○	○	
	奥野信亮	比例近畿	○	○	○	○
	越智隆夫	東京 6 区	○			○
	尾身朝子	群馬 1 区	○			
	加藤鮎子	山形 3 区		○		
	鬼木　誠	福岡 2 区	○	○	○	
	加藤勝信	岡山 5 区	○	○	○	○
	加藤寛治	長崎 2 区	○	○	○	
	梶山弘志	茨城 4 区	○	○	○	○
	勝俣孝明	静岡 6 区	○	○	○	
	門　博文	和歌山 1 区		○		
	門山宏哲	千葉 1 区	○	○		
	金子俊平	岐阜 4 区		○	○	
	金子万寿夫	鹿児島 2 区	○	○		
	金子恭之	熊本 4 区	○	○	○	
	金田勝年	秋田 2 区	○	○	○	
	上川陽子	静岡 1 区		○		
	神谷　昇	大阪 18 区	○	○		
	神山佐市	埼玉 7 区	○	○	○	
	亀岡偉民	福島 1 区	○	○	○	○
	鴨下一郎	東京 13 区	○			○
	川崎二郎	三重 2 区		○	○	
	河井克行	広島 3 区		○	○	
	河村建夫	山口 3 区	○	○	○	
	神田憲次	愛知 5 区	○	○	○	
	菅家一郎	福島 4 区		○	○	
	木原誠二	東京 20 区	○		○	○
	木原　稔	熊本 1 区	○	○	○	○
	木村弥生	京都 3 区		○	○	
	城内　実	静岡 7 区	○	○	○	○
	黄川田仁志	埼玉 3 区	○	○		
	岸　信夫	山口 2 区	○	○	○	○

	氏名	選挙区	日本会議 国会議員懇談会	神道政治連盟 国会議員懇談会	みんなで靖国 神社に参拝する 国会議員の会	創生「日本」
自民党衆議院	岸田文雄	広島1区	○	○		
	北川知克	大阪12区		○		
	北村誠吾	長崎4区	○	○	○	
	工藤彰三	愛知4区	○	○	○	
	國場幸之助	沖縄1区	○			○
	熊田裕通	愛知1区	○		○	
	小泉進次郎	神奈川11区			○	
	小泉龍司	埼玉11区				○
	小島敏文	広島6区	○	○	○	
	小寺裕雄	滋賀4区			○	
	小林鷹之	千葉2区	○	○		
	小林史明	広島7区	○	○	○	
	後藤茂之	長野4区		○	○	
	後藤田正純	徳島1区		○	○	
	河野太郎	神奈川15区		○		
	齋藤　健	千葉7区	○	○		○
	斎藤洋明	新潟3区	○	○	○	
	坂本哲志	熊本3区	○	○	○	
	櫻田義孝	千葉8区	○	○	○	○
	笹川博義	群馬3区	○			
	佐々木　紀	石川2区	○	○	○	
	佐藤明夫	比例北関東			○	
	左藤　章	大阪2区	○	○	○	○
	佐藤　啓	奈良2区			○	
	佐藤　勉	栃木4区		○	○	
	佐藤ゆかり	大阪11区	○	○	○	
	塩崎恭久	愛媛1区	○	○	○	○
	塩谷　立	静岡8区	○	○	○	
	繁本　護	京都2区			○	
	柴山昌彦	埼玉8区	○	○	○	○
	下村博文	東京11区	○	○	○	○
	白須賀貴樹	千葉13区		○	○	
	新谷正義	広島4区	○	○	○	
	新藤義孝	埼玉2区	○	○	○	○
	菅　義偉	神奈川2区	○	○	○	○
	菅原一秀	東京9区	○	○	○	
	杉田水脈	広島4区	○		○	
	鈴木馨祐	神奈川7区		○		○
	鈴木俊一	岩手2区		○	○	
	鈴木淳司	比例東海	○		○	○
	鈴木隼人	東京10区		○		
	鈴木貴子	比例北海道			○	
	関　芳弘	兵庫3区		○	○	
	薗浦健太郎	千葉5区	○	○	○	○
	園田博之	比例九州			○	

	氏名	選挙区	日本会議国会議員懇談会	神道政治連盟国会議員懇談会	みんなで靖国神社に参拝する国会議員の会	創生「日本」
自民党衆議院	平　将明	東京4区				
	高木　啓	比例東京			○	
	田所嘉徳	茨城1区	○	○		
	田中和徳	神奈川10区		○	○	
	田中英之	京都4区	○	○	○	
	田中良生	埼玉15区	○	○	○	
	田野瀬太道	奈良3区		○	○	
	田畑裕明	富山1区	○	○	○	
	田村憲久	三重1区	○	○	○	
	高市早苗	奈良2区	○	○	○	○
	高木　毅	福井2区		○	○	○
	高鳥修一	新潟6区	○	○	○	○
	高橋ひなこ	岩手1区		○	○	
	竹下　亘	島根2区	○	○	○	
	竹本直一	大阪15区	○	○	○	
	武田良太	福岡11区	○	○	○	○
	武部　新	北海道12区	○	○	○	
	武井俊輔	宮崎1区	○	○	○	
	武村展英	滋賀3区	○	○	○	
	橘　慶一郎	富山3区		○		
	棚橋泰文	岐阜2区	○	○	○	
	谷　公一	兵庫5区		○		
	谷川とむ	大阪19区	○			
	谷川弥一	長崎3区		○	○	○
	津島　淳	青森1区	○	○	○	
	土屋品子	埼玉13区			○	
	寺田　稔	広島5区	○	○	○	
	土井　亨	宮城1区	○	○	○	
	冨樫博之	秋田1区	○	○	○	
	渡海紀三朗	兵庫10区		○	○	
	とかしきなおみ	大阪7区	○	○	○	
	冨岡　勉	長崎1区	○	○	○	
	中村裕之	北海道4区	○	○	○	
	中谷　元	高知1区	○	○	○	
	中谷真一	山梨1区	○	○	○	
	中根一幸	埼玉6区		○		
	中山泰秀	大阪4区	○	○	○	○
	永岡桂子	茨城7区	○	○	○	○
	長尾　敬	大阪14区	○	○	○	
	長坂康正	愛知9区	○	○	○	
	二階俊博	和歌山3区			○	
	西田昭二	石川3区			○	
	西村明宏	宮城3区	○	○	○	
	西村康稔	兵庫9区	○	○	○	○
	西銘恒三郎	沖縄4区			○	

	氏名	選挙区	日本会議 国会議員懇談会	神道政治連盟 国会議員懇談会	みんなで靖国 神社に参拝する 国会議員の会	創生「日本」
自民党衆議院	額賀福志郎	茨城2区	○	○	○	
	根本　匠	福島2区		○	○	
	根本幸典	愛知15区	○	○	○	
	野田聖子	岐阜1区	○	○	○	
	野田　毅	熊本2区	○	○		
	野中　厚	埼玉12区	○	○	○	
	葉梨康弘	茨城3区		○		
	萩生田光一	東京24区	○	○	○	○
	馳　浩	石川1区		○	○	
	橋本　岳	岡山4区	○	○	○	
	浜田靖一	千葉12区	○	○	○	
	林　幹雄	千葉10区	○	○	○	
	原田憲治	大阪9区		○	○	
	原田義昭	福岡5区		○	○	
	平井卓也	香川1区		○	○	
	平口　洋	広島2区	○	○		
	平沢勝栄	東京17区	○	○	○	○
	福井　照	比例四国	○	○	○	
	福田達夫	群馬4区				
	福山　守	比例四国	○	○	○	
	藤丸　敏	福岡7区			○	
	藤井ひさゆき	兵庫4区	○	○		
	藤原　崇	岩手3区		○	○	
	船田　元	栃木1区		○		
	古川禎久	宮崎3区	○	○	○	○
	古田圭一	比例中国		○		
	古屋圭司	岐阜5区	○	○	○	○
	星野剛士	神奈川12区	○	○	○	
	細田健一	新潟2区	○	○	○	
	細田博之	島根1区		○		
	堀井　学	北海道9区	○	○	○	
	堀内詔子	山梨2区	○	○	○	
	牧島かれん	神奈川17区		○		
	牧原秀樹	埼玉5区	○	○		○
	松島みどり	東京14区		○		
	松野博一	千葉3区	○	○		○
	松本　純	神奈川1区		○	○	○
	松本文明	東京7区	○		○	○
	松本洋平	東京19区	○	○	○	○
	三ツ林裕巳	埼玉14区	○	○	○	
	三ツ矢憲生	三重4区		○	○	
	三原朝彦	福岡9区	○	○	○	
	御法川信英	秋田3区	○	○	○	
	宮内秀樹	福岡4区	○		○	
	宮川典子	比例南関東	○	○	○	

	氏名	選挙区	日本会議国会議員懇談会	神道政治連盟国会議員懇談会	みんなで靖国神社に参拝する国会議員の会	創生「日本」
自民党衆議院	宮腰光寛	富山2区	○	○		
	宮澤博行	静岡3区	○	○	○	○
	宮下一郎	長野5区	○	○	○	
	宮路拓馬	比例九州			○	
	務台俊介	長野2区			○	
	武藤容治	岐阜3区	○	○	○	
	宗清皇一	大阪13区			○	
	村上誠一郎	愛媛2区	○		○	
	村井英樹	埼玉1区		○		
	望月義夫	静岡4区	○	○	○	
	茂木敏充	栃木5区	○	○	○	
	森　英介	千葉11区	○	○	○	
	森山　裕	鹿児島4区	○	○	○	○
	八木哲也	愛知11区			○	
	簗　和生	栃木3区	○	○	○	
	山際大志郎	神奈川18区		○		○
	山口俊一	徳島2区	○	○	○	○
	山口泰明	埼玉10区		○	○	○
	山下貴司	岡山2区	○	○	○	○
	山田賢司	兵庫7区	○	○	○	
	山田美樹	東京1区		○	○	
	山本公一	愛媛4区	○	○	○	
	山本幸三	福岡10区	○		○	
	山本　拓	比例北陸信越	○	○	○	
	山本ともひろ	神奈川4区	○	○	○	
	山本有二	高知2区	○	○	○	○
	吉川貴盛	北海道2区	○	○	○	
	吉野正芳	福島5区		○	○	
	義家弘介	神奈川16区	○	○		○
	若宮健嗣	東京5区			○	
	渡辺博道	千葉6区	○	○	○	
自民党参議院	朝日健太郎	東京	○		○	
	阿達雅志	比例	○	○	○	
	愛知治郎	宮城県	○	○	○	
	青木一彦	島根県	○	○	○	
	赤池誠章	比例	○	○	○	○
	ありむら治子	比例	○	○	○	○
	井原　巧	愛媛県	○	○	○	○
	石井準一	千葉県	○	○	○	
	石井浩郎	秋田県		○	○	
	石井正弘	岡山県	○	○	○	*
	いそざき仁彦	香川県	○	○	○	
	礒崎陽輔	大分県	○	○	○	○
	井上義行	比例	○			*
	岩井茂樹	静岡県		○	○	○

	氏名	選挙区	日本会議 国会議員懇談会	神道政治連盟 国会議員懇談会	みんなで靖国 神社に参拝する 国会議員の会	創生「日本」
自民党参議院	上野通子	栃木県	○	○	○	
	宇都隆史	比例	○		○	
	江島　潔	山口県			○	*
	衛藤晟一	比例	○	○	○	○
	尾辻秀久	鹿児島県	○	○	○	
	太田房江	比例	○		○	*
	大沼みずほ	山形県		○		*
	大野泰正	岐阜県		○	○	*
	岡田直樹	石川県		○	○	○
	岡田　広	茨城県	○	○	○	
	小野田紀美	岡山			○	
	片山さつき	比例	○	○		
	金子原二郎	長崎県			○	
	木村義雄	比例	○	○	○	*
	北村経夫	比例			○	*
	鴻池祥肇	兵庫県	○	○	○	○
	上月良祐	茨城県	○	○		*
	古賀友一郎	長崎県				*
	こやり隆史	滋賀			○	
	佐藤正久	比例	○	○	○	○
	佐藤信秋	比例			○	○
	酒井庸行	愛知県	○	○	○	*
	山東昭子	比例	○		○	
	島田三郎	島根県			○	*
	島村　大	神奈川県	○	○		*
	自見はなこ	比例	○		○	
	末松信介	兵庫県	○	○		○
	世耕弘成	和歌山県	○	○		○
	関口昌一	埼玉県		○	○	○
	高橋克法	栃木県	○	○	○	*
	伊達忠一	北海道		○	○	
	高野光二郎	高知県	○	○		*
	滝沢　求	青森県	○	○	○	*
	滝波宏文	福井県		○		*
	塚田一郎	新潟県	○	○	○	○
	柘植芳文	比例	○		○	*
	鶴保庸介	和歌山県		○	○	
	堂故　茂	富山県		○		*
	豊田俊郎	千葉県	○	○	○	*
	中泉松司	秋田県	○	○	○	*
	中川雅治	東京都	○	○	○	○
	中曽根弘文	群馬県	○	○	○	○
	中西　啓	比例			○	
	中西祐介	徳島県・高知県		○	○	
	中野正志	比例	○	○	○	

	氏名	選挙区	日本会議 国会議員懇談会	神道政治連盟 国会議員懇談会	みんなで靖国 神社に参拝する 国会議員の会	創生「日本」
自民党参議院	長峯　誠	宮崎県		○	○	*
	二之湯智	京都府		○		
	二之湯武史	滋賀県	○		○	*
	西田昌司	京都府	○	○	○	○
	野上浩太郎	富山県	○	○		○
	野村哲郎	鹿児島県	○	○	○	
	橋本聖子	比例	○		○	
	長谷川岳	北海道	○			
	羽生田俊	比例			○	*
	馬場成志	熊本県	○	○	○	*
	林　芳正	山口県		○	○	
	福岡資麿	佐賀県		○	○	
	藤川政人	愛知県		○	○	
	古川俊治	埼玉県		○		
	堀井　巌	奈良県		○	○	*
	舞立昇治	鳥取県	○	○	○	*
	牧野たかお	静岡県		○	○	○
	松下新平	宮崎県	○	○	○	○
	松村祥史	熊本県		○	○	
	松山政司	福岡県	○	○	○	
	丸川珠代	東京都	○	○	○	○
	丸山和也	比例			○	○
	三木　亨	徳島県			○	*
	三原じゅん子	神奈川県	○	○	○	
	三宅伸吾	香川県	○		○	*
	宮本周司	比例				*
	水落敏栄	比例		○	○	
	溝手顕正	広島県		○		
	宮澤洋一	広島県		○	○	
	森　まさこ	福島県		○		
	森屋　宏	山梨県	○	○		*
	柳本卓治	大阪府	○	○		
	山崎正昭	福井県	○	○	○	
	山下雄平	佐賀県		○		*
	山田修路	石川県		○		*
	山田俊男	比例				○
	山田　宏	比例	○	○	○	
	山谷えり子	比例	○	○	○	○
	山本一太	群馬県		○	○	○
	山本順三	愛媛県	○	○	○	
	吉川ゆうみ	三重県			○	*
	吉田博美	長野県		○	○	
	和田政宗	宮城	○		○	*
	渡邉美樹	比例	○			*
	渡辺猛之	岐阜県	○	○		

	氏名	選挙区	日本会議 国会議員懇談会	神道政治連盟 国会議員懇談会	みんなで靖国 神社に参拝する 国会議員の会	創生「日本」
日本維新の会衆議院	井上英孝	比例近畿	○		○	
	浦野靖人	比例近畿	○			
	遠藤　敬	大阪 18 区	○		○	
	下地ミキオ	沖縄 1 区	○		○	
	馬場伸幸	大阪 17 区	○			
	丸山穂高	大阪 19 区			○	
日本維新の会参議院	東　徹	大阪府	○		○	*
	片山虎之助	比例		○	○	
	儀間光男	比例			○	
	清水貴之	兵庫県	○		○	*
	藤巻健史	比例			○	
立憲民主党衆議院	青柳陽一郎	神奈川 6 区	○		○	
	初鹿明博	比例東京			○	
国民民主党参議院	羽田雄一郎	長野県			○	
	渡辺　周	静岡 6 区	○			
自由党衆議院	小沢一郎	岩手 4 区			○	
未来日本衆議院	長島昭久	東京 21 区	○			
希望の党参議院	中山恭子	比例	○		○	○
	松沢成文	神奈川県	○			*
無所属衆議院	柿沢未途	比例東京	○		○	
	重徳和彦	愛知 12 区			○	
	中島克仁	山梨 1 区			○	
	中村喜四郎	茨城 7 区			○	
	原口一博	佐賀 1 区	○		○	
	松原　仁	比例東京	○		○	
	笠　浩史	神奈川 9 区	○		○	
	鷲尾英一郎	新潟 2 区	○		○	
無所属参議院	アントニオ猪木	比例			○	
	芝　博一	三重県			○	
	山口和之	比例				*

	氏名	選挙区	日本会議国会議員懇談会	神道政治連盟国会議員懇談会	みんなで靖国神社に参拝する国会議員の会	創生「日本」
			計＝衆議院178人、参議院66人（自民：衆議院166人、参議院61人、維新：衆議院5人、参議院2人、立民：衆議院1人、国民：参議院1人、未来：衆議院1人、希望：参議院2人、無所属：衆議院5人）	計＝衆議院210人、参議院77人（自民：衆議院210人、参議院76人、維新：参議院1人）	計＝衆議院218人、参議院88人（自民：衆議院203人、参議院79人、維新：衆議院4人、参議院5人、立民：衆議院2人、国民：参議院1人、自由：衆議院1人、希望：参議院1人、無所属：衆議院8人、参議院2人）	計＝衆議院62、参議院66人（自民：衆議院62人、参議院61人、維新：参議院2人、希望：参議院2人、無所属：参議院1人） ※13年の参議院選で当選した新人48人が新加盟した（『産経新聞』2013.10.30）。そこで、この『産経新聞』報道をもとに2013年参議院選挙で初当選した議員に＊印を付した。